BAUER/ENZ-MEYER

HINTER DER BLAUEN MAUER

ERNST WALDEMAR BAUER
PETRA ENZ-MEYER

HINTER DER BLAUEN MAUER

Bilder von der Schwäbischen Alb

THEISS

Inhalt

Vielgeliebte Alb
Vorwort 6

AUF SEPPES SPUREN

Vor der blauen Mauer
Zwischen Filder und Alb 8

Die Teck und ihre Herzöge
Der Auslieger und seine Vor-
berge 10

Des Landes Burg und Festung
Hohenneuffen und Erkenbrechts-
weiler Halbinsel 17

Vulkane ohne Feuer
Florian, Grafenberg und Jusi 24

Burg und Stadt und Wasserfall
Bad Urach und Umgebung 31

Der „Bodenlose See"
Im oberen Tal der Erms 39

„Landunter" auf der Südalb
Am Heldenfinger Kliff 43

Im Reich der schönen Lau
Über die Alb zum Blautopf 45

DER DONAU NACH

An der Baar
Fürstenberg und junge Donau 51

Angriff durch den Keller
Donauversinkung und Aachtopf 57

Hoch über dem Donautal
Knopfmacherfels und Jägerhaus-
höhle 60

Am Schwäbischen Canyon
Vom Eichfels bis Laiz 67

Ein Schloß, ein Tal, kein Fluß
Mochental und Albdonau 73

Rast am Sirgenstein
Höhlen im Achtal 77

Träume auf der Heuneburg
Am Südrand der Alb 80

ENTLANG DER MAUER

Kapfen vom Karpfen
Im Tal der alten Eschach 84

Mehr als Preußens Gloria
Die Zollernalb 91

Ein Denkmal für Quenstedt
Auf dem Roßberg 97

Des Dichters Burg und Höhle
Lichtenstein und Nebelhöhle 98

Rund ums Riff
Sternberg, Marbach, Grafeneck 107

Burg an Burg im Lautertal
Gundelfingen und die Lauter 113

Heiß und kalt am Fels
Auf den Fünffingerfelsen 119

Krater und Kegel
Randecker Maar, Limburg und
Scharnhäuser Vulkan 124

Die Kaiserberge
Staufen, Rechberg, Stuifen 131

Die Spur der Meteoriten
Steinheimer Becken und Ries 137

Dank 142
Weiterführende Literatur 143
Bildquellenverzeichnis 143

Vielgeliebte Alb

Die Teck im Herbst.

Die Alb will entdeckt sein. Die Schwaben haben sie erwandert und wissen, was sie an ihr haben. Jenseits der Landesgrenzen kennt man sie kaum. Auf der Wetterkarte erscheint dieses deutsche Mittelgebirge nur im Winter. Dabei ist die Alb eine Art nationales Rückgrat der Schwaben und keineswegs eine Verlängerung des Schwarzwalds. Die Unterschiede könnten nicht größer sein. Dort Granit und Gneis und im Norden bunter Sandstein, dunkle Wälder, Bäche und Seen. Hier heller Fels, Ebenen, sanfte Kuppen und kaum Wasser. Es versickert im klüftigen Kalkgestein und sammelt sich in der Tiefe, in Klüften, Spalten und Höhlen. Aus großen Quellen wie dem berühmten Blautopf tritt es zutage.

Als „blaue Mauer" erhebt sich die Alb mit ihrem steilen Trauf über das Neckarland. Eduard Mörike beschreibt sie so in seinem Märchen vom Stuttgarter Hutzelmännlein, das 1853 entstand. Den Schustergesellen Seppe läßt er über die Alb zum Blautopf und nach Ulm wandern. Vieles hat sich verändert seit der Zeit, als Mörike, der Dichter und Landpfarrer, auf der Alb lebte. Doch die Bilder und die Stimmungen, die er empfand, sind unvergänglich. Wir folgen seinen Spuren, schauen vom Filderrand zur Alb hinüber, wandern durch die Täler, steigen auf die Berge, zu den Felsen und Burgen, um zu entdecken, was ist und was war.

„Schwäbische Alb" steht im Atlas für das Bindeglied zwischen Schweizer Jura und Frankenalb. Dem Einheimischen reicht „Alb" allemal, und jeder hat gleich sein Lieblingsstück im Sinn: den Lichtenstein und die Felsen rundum, Rulamans Höhlen, das trutzige Wildenstein über dem Donautal, den Festungsklotz des Hohenneuffen oder den lieblichen Kegel des Karpfen. Einzelgestalten wie der Hohenzollern und der Hohenstaufen, Achalm, Teck und Ipf, und so harmonische Landschaften wie die St. Johanner Alb und das große Lautertal ziehen viele an. Es soll Leute geben, die von ihrem Lieblingsberg und ihrem Lieblingsweg gar nicht mehr lassen können. Rekordhalter waren über tausendmal auf der Teck und noch viel öfter auf dem Ipf.

Für die Ewigkeit geschaffen, erscheinen diese Berge und Täler. Doch Landschaft ändert sich. Flüsse schneiden tiefe Täler ein und verlassen sie wieder. Nirgends wird dies deutlicher als an der Donau, dem klein gewordenen Fluß mit seiner dramatischen Geschichte. Wasserfälle bilden sich, Seen werden aufgestaut. Aus der großen Kalksteintafel modellieren Wasser, Eis und Wind Felsbastionen und Berge heraus und tragen sie schließlich ab. Dem Schwaben mag's weh tun, daß seine geliebte Alb nicht standfester ist und den Kräften der Abtragung nachgibt, aber schließlich sind sie die großen Land-

schaftsgestalter. Sie machen die Alb so vielgestaltig und reizvoll.

Mehr und mehr prägt der Mensch das Landschaftsbild. Zwar wird die Alb bis heute im besonderen Maße von der Landwirtschaft bestimmt, aber der Bauer geht auch auf der Alb nicht mehr neben dem Leiterwagen hinter dem Kuhgespann durchs Dorf. Auf dem Traktor rollt er längst über Beton und Asphalt zu seinen Feldern und im Zuge des „schwäbischen Fruchtwechsels" wurde aus manchem Äckerle ein feiner Bauplatz. Seit jedes Dorf von einer Wasserleitung erreicht wird, haben die Städter die Albdörfer für sich entdeckt und sich Gewerbebetriebe angesiedelt. Die freie Fläche auf der Alb nimmt ab, ihre großartige Weite droht verlorenzugehen. Nicht nur durch die wachsenden Dörfer, auch durch den Wald, der die verlassenen Schafweiden und Wiesen erobert.

Naturschutz ist das Gebot der Stunde, soll die weiträumige Alblandschaft mit ihren lichten Buchenwäldern, den Wacholderheiden und den mageren, duftenden Wiesen, wie sie uns ans Herz gewachsen sind, erhalten bleiben. Die Grillen zwischen den Gräsern zirpen noch, aber den Wolfsmilchschwärmer, dessen Raupen auf jeder Schafweide zu finden waren, muß man lange suchen. Der Apollofalter ist fast ausgestorben. Die Hummelragwurz, das „Samet-

mäntle", das der Bauernbursche, nach altem Brauch, noch vor zwei Generationen für „sei Mädle" von der Weide holte, hält sich nur noch an wenigen Stellen. Andererseits ist der Kolkrabe zurückgekehrt, fliegen der Wanderfalke und der Uhu wieder um den Fels. Pflanzengesellschaften, wie sie heute noch auf den alten Schafweiden und draußen auf den Felsköpfen anzutreffen sind, stammen aus der Eiszeit.

Es muß gelingen, die Naturlandschaft auf der Alb zu schützen. Konflikte mit Kletterern und Drachenfliegern, mit Paddlern und Mountainbikern, mit der Heerschar der Wanderer und dem Strom der Autos sind unvermeidbar. Kompromisse müssen gefunden werden, denn auch der Mensch hat einen Platz auf der Alb.

Seit Jahrtausenden ist dieses Mittelgebirge besiedelt. Schon die Eiszeitjäger streiften in kleinen Gruppen über die Alb. Berühmt sind die Funde aus den Höhlen im Lonetal und im Achtal. Grabhügel und Fliehburgen, Heerstraßen und verfallene Gemäuer erinnern an Kelten und Römer. Unzählige Burgen sind Zeugnisse des mittelalterlichen Lebens. Diese Spuren fordern zur Deutung heraus. Der Wanderer durch Landschaft und Geschichte darf stutzen und spekulieren. Er darf, wenn er mag, auch ein paar „Lesesteine" aufheben und Freude an ihnen haben, getreu dem Motto: „Wer hätt au des denkt?"

Rauhreif bei Ochsenwang.

7

Vor der blauen Mauer

HOCH WIE EIN VOGEL über dem Land zu schweben, war Eduard Mörike noch nicht vergönnt. Er hätte gewiß die poetische Kraft besessen, auch Luftbilder einzufangen. Der Fernsehturm wäre gerade hoch genug gewesen, um die „blaue Mauer" in ihrer ganzen Länge zu sehen: vom Volksmarsberg im Nordosten bis zum Plettenberg im Südwesten, vorausgesetzt das Wetter macht mit.

Man sieht den Dichter und seinen Schuster Seppe aus dem Nesenbachtal die Alte Weinsteige hinaufgehen, auf schattigen Wegen durch den Bopserwald, hinaus in die helle Sonne der Filder und über die weite Ebene hin. Er quert das Neckartal und wandert der Alb zu.

„Mit großen Freuden sah er bald von der Bempflinger Höhe die Alb als eine wundersame blaue Mauer ausgestreckt. Nicht anders hatte er sich immer die schönen blauen Glasberge gedacht, dahinter, wie man ihm als Kind gesagt, der Königin von Saba Schneckengärten liegen. Doch war ihm wohl bekannt, daß oben weithin wieder Dörfer seien, als: Böhringen, Zainingen, Feldstetten, Suppingen, durch welche sämtlich nacheinander er passieren mußte." Sein Weg führt den Schuster Seppe weiter durch das Ermstal, nach Metzingen und Urach, über die Alb bis Blaubeuren und schließlich nach Ulm. Regensburg, sein eigentliches Ziel, erreicht er nie. Der Königin von Saba ist er nicht begegnet, auch ihre Schneckengärten hat er nicht gesehen. Seine Träume sind verflogen. Enttäuscht und mit seinem Schicksal hadernd, zieht der Seppe am Ende seiner abenteuerlichen Reise wieder heimwärts.

AUF DER OBERENSINGER HÖHE hält er noch einmal an, schaut zurück und sieht: „. . . die ausgestreckte blaue Alb, den Breitenstein, den Teckberg mit der großen Burg der Herzoge, so einer Stadt beinahe gleichkam, und Hohen-Neuffen, dessen Fenster er von weitem hell herblinken sah. Er hielt dafür, in allen deutschen Landen möge wohl Herrlicheres nicht viel zu finden sein, als dies Gebirg, zur Sommerszeit, und diese weite gesegnete Gegend." Den Aussichtsplatz gibt es immer noch. Wie oft mag Mörike, der aus Nürtingen kam, dort oben gestan-

8

den sein, um mit Schuster Seppes Augen zur Alb hinüberzuschauen, zu ihrem Trauf, zu den bewaldeten Höhen der Albvorberge und auf die von Flüssen zerschnittenen Felderflächen. Vom Nürtinger Wehr blitzt der Neckar herauf. Der mächtige Kirchturm von St. Laurentius auf dem harten Rätsandsteinklotz des Umlaufbergs beherrscht die Altstadt von Nürtingen.

DER BLICK FÄNGT SICH am steilen Trauf der Alb, der hohen Stufe, die vom Weißen Jura gebildet wird, vor allem am Neuffen und an der Teck, den beherrschenden Bergen mit ihren Burgen. Dazwischen dehnt sich die Baßgeige mit Beurener Fels und Brucker Fels und, jenseits des Lenninger Tals, die Schopflocher Alb und die Wielandsteine. Hinter der Teck liegt Mörikes geliebter Breitenstein.
Was aus der Ferne wie eine geschlossene Mauer erscheint, erweist sich beim Näherkommen als tief gestaffelt und gegliedert. Ein schmaler, langer Bergvorsprung umgibt den Neuffener Talkessel. Dieser Ausläufer der Alb reicht von der Karlslinde über das Dettinger Hörnle mit der aufgelassenen Steinbruch-

wand bis zur kahlen Stirn des Jusi. Weiter westlich schließen sich, langgestreckt, der Florian und, kegelförmig, der Grafenberg an. Dahinter steigt die St. Johanner Alb hoch über das Ermstal auf.

EIN HELLGRÜNES WIESENBAND zieht sich unter dem Buchenwald am tönernen Fuß der Alb hin. Dort endet der Braune Jura mit gewellten Hängen im Ornatenton. Wälder verhüllen die unfruchtbaren Schichten der Eisensandsteine darunter. Sie ziehen sich vom Talwald vor der Teck über den Tiefenbach hinweg, bis zum Kirchert hinüber. Tiefer und näher dehnt sich die fruchtbare Felderfläche des Lias, die sich – dem Schichtfallen der Alb nach Südsüdosten folgend – von der Oberensinger Höhe zur Alb hin einsenkt.
Die Flüsse haben die Liastafel bis in den Keuper hinein zerschnitten; der Neckar vor allem, aber auch seine Nebenflüsse: die Lenninger Lauter, die Steinach aus dem Neuffener Täle, der Tiefenbach, der von der Baßgeige her kommt, und die Aich, die vom Schönbuch herüberzieht.

Mörikes „blaue Mauer": Breitenstein und Teck, Diepoldsburg und Wielandstein, Baßgeige, Wilhelmsfels und Hohenneuffen (von links nach rechts).

Die Teck und ihre Herzöge

DER BERG HAT VIELE GESICHTER. Schaut man vom Hohenreisach über die Dächer von Kirchheim zur Teck hinüber, so erhebt sie sich breit und behäbig aus einem Kranz von Vorbergen, die nicht in das Stufenschema des Albanstiegs passen. Da ist im Westen, Owen zu, der Hohenbol mit einem dunklen Walddreieck und dahinter versteckt das Bölle. Im Osten bildet das Hörnle einen Vorbau, dessen breiter Sockel auf der Bissinger Seite von Obstbäumen bestanden ist. Der Nordhang läuft in eine hügelige Weide aus.

Sechs der Teckvorberge besitzen einen vulkanischen Kern. Im Hohenbol hat der Schlot einen Durchmesser von 500 Meter, im Hörnle mißt er 400 Meter. Am Südhang des Hohenbols ist das Vulkangestein gut aufgeschlossen. In einer schwarzen, basaltischen Grundmasse stecken die Trümmer der durchschlagenen Gesteine. Am auffälligsten sind die großen Massenkalkblöcke aus Weißem Jura Epsilon. Sie liegen im Hohenbol rund 300 Meter tiefer als einst am Kraterrand des tertiären Vulkans. Über der Teck ist der Weiße Jura Epsilon abgetragen. Ihr Gipfel wird heute vom Weißen Jura Delta gebildet. Nur im Vulkanschlot haben sich Gesteine einer alten Landoberfläche erhalten.

WASSER VERRÄT DEN VULKAN. Zwischen Hörnle und Hohenbol entspringen mehrere Quellen. Über dem kompakten vulkanischen Grund läuft auch das Wasser für den Klinglerbrunnen zusammen. Die alte Wasserfassung für das Wanderheim oben auf der Teck liegt ebenfalls am Rande eines Vulkanschlots, auf der Ostseite des Bergs.

An den feuchten und versumpften Plätzen in der Umgebung der Vulkanschlote, aber auch über den wasserstauenden Tonen und Mergeln des Braunen und Weißen Jura, stellen sich Salamander, Unken, Frösche und Kröten ein. Quellen, Bäche und Höhlen, trockene Weiden und Felsfluren, Streuobstwiesen, Äcker und viel Wald gibt es am Berg. Der Bergwald am Steilhang hinauf ist allerdings jung. In der Zeit, als die Burg der Herzöge den Berg noch krönte, hat

man den Wald kurz gehalten. Die steilen Nordhänge von Hörnle und Hohenbol wurden erst in jüngerer Zeit aufgeforstet. Vor 50 Jahren gingen hier noch Schafe über die Wacholderheide. Jetzt bedeckt der hochgekommene Laubwald den Hang; selbst die Trasse des Aufzugs für Segelflugzeuge, die einst auf das Hörnle hinaufführte, ist nicht mehr zu sehen.

AN SCHÖNEN SOMMERTAGEN ist die Teck dabei, das Schicksal der Pandas zu teilen, von denen man sagt, sie wurden zu Tode geliebt. Wenn Tausende kommen, braucht man sich nicht darüber zu wundern, daß der Wald seine Qualität ändert, daß aus Wanderwegen Wanderstraßen werden, aus der Wiese ein wilder Lagerplatz und aus der Weide eine Rennpiste. Die Felsen locken zum Klettern. In der Höhe kreisen Segelflieger und Motorsegler, am Hohenbol und Hörnle die Modellflugzeuge. Es ist höchste Zeit, den Teckberg unter Schutz zu stellen. Die kleineren amerikanischen Nationalparks könnte man sich zum Vorbild nehmen und schützen und pflegen, ohne dadurch Land- und Forstwirtschaft zu strangulieren. Auch die Wanderer und Sportler dürfen nicht einfach ausgeklammert werden.

Der Hohenbol beherrscht das Lenninger Tal. Die Massenkalkblöcke stammen aus seinem Vulkanschlot.

Die Teck bildet mit ihren Vorbergen zusammen ein eigenes Massiv.

Die Teck im Abendlicht.

DIE SEGELFLIEGER, die zwischen den beiden Weltkriegen an die Teck kamen, haben sich von den Hängen zurückgezogen. Das altmodische, gemeinschaftsbildende Gummiseil wurde vom Drahtseil der Winde und des Schleppflugzeugs abgelöst. Heute brauchen die Flugschüler ihre Flugzeuge nicht mehr aufs Hörnle oder gar auf die Teck zu karren und zu tragen; Start und Landung finden im Tal statt. Das nördliche Vorland der Teck ist dafür hervorragend geeignet; es ist topfeben.

Einst lag hier ein großer Weiher. Nach der Reformation, als die Klöster aufgelöst worden waren und sich die evangelisch gewordenen Schwaben das Fischessen abgewöhnt hatten, ließ man diesen See, wie viele andere Fischweiher und Klosterseen, ab und füllte ihn auf.

Die Rückkehr zur alten Landwirtschaft ging zu Lasten der Fische, der Lurche und Wasservögel. Am längsten hielten die Störche durch. In den sumpfigen Wiesen und Feldern fanden sie immer noch genügend Nahrung, solange die Landwirtschaft weniger intensiv betrieben wurde. Inzwischen ist leider auch das letzte Storchennest auf dem Dettinger Kirchendach schon seit Jahrzehnten verlassen.

VOM BREITENSTEIN aus zeigt sich der Teckberg als langgestreckter, weit ins Vorland greifender Auslieger der Alb. Der eigentliche Burgberg, ein massiger Felsklotz im unteren Weißen Jura Delta, steigt auf 775 Meter auf. Nach Norden wird der Rücken der Teck durch einen Zwischengipfel über dem Weißen Jura Beta und durch das vorgelagerte Bissinger Hörnle verlängert. Der eigentliche Teckberg ist dreigeteilt: Der am höchsten gelegene Burgberg bildet eine Bastion im Norden, der Gelbe Fels, vom Breitenstein aus hinter Schwarzkiefern verborgen, liegt im Süden, dazwischen erstreckt sich eine Hochebene.

Hier ist das Herzogsbrünnele. Am Fuße einer Felskuppe staut sich über den Mergeln von Weißjura Gamma ein wenig Wasser. Das machte den Platz zu allen Zeiten begehrt. Schon die Kelten der Hallstattzeit haben sich hier niedergelassen, und auch die späteren Burgherren schätzten den Brunnen. Die Weide mit ihrem saftigen Gras brachte die Württemberger auf die Idee, dort ein Gestüt einzurichten. Später wurde eine Alm daraus, zuletzt eine Schafhalterei. Noch 1825 beschrieb Gustav Schwab den Weg über die waldfreie Heide zum Gelben Felsen und

12

dem damals verschütteten Herzogsbrünnlein. Im Wald, der heute die Fläche bedeckt, entdeckt nur noch der Kenner die Spuren jener Zeit.

Zum Albkörper hin, nach Süden, ist die Geländestufe im Weißen Jura Beta gut ausgebildet. An den steilen Flanken der Teck ist diese Stufe kaum zu erkennen. Im Wald allerdings, vor allem zur Herbstzeit, markiert auf halber Höhe ein helleres Band die Zone der Kalkbänke. Mit den Mergeln des Weißen Jura Alpha hält der Teckberg im Sattelbogen gerade noch Anschluß an den Albkörper. Aber auch dieser Übergang, heute 607 Meter hoch, wird Jahr für Jahr ein wenig niedriger. Das Wasser arbeitet weiter an der Abnabelung der Teck von der Alb. Über den Sattelbogen verlief einst der Verbindungsweg der Teck zum Rauber, zur Oberen Diepoldsburg und zu den Burgen des Wielandsteins, wichtige Satellitenburgen der großen Herzogsfeste. Der Weg von Weilheim nach Owen kreuzte hier den Burgenweg.

Wie eine langgestreckte Sphinx liegt der Teckberg, von Westen gesehen, hinter dem Lenninger Tal. Nur der Kopf, die Burg, fehlt. Der Rumpf wird vom Gelben Fels mit seiner hohen, dolomitischen Wand begrenzt. Die Bergsturzmasse des kahlen Bölle säumt den Fuß der Teck auf der Owener Seite.

Der Hohenbol trägt seinen Kiefernschopf. Einst gab es auch dort eine Burg. Nicht wenige meinen, daß die Geschichte des Hohenbols bis in die Römerzeit zurückreiche und das letzte Geheimnis des Berges, ein Zusammenhang mit der sagenhaften „Sibyllenspur", noch aufzudecken sei.

SIBYLLE UND VERENA. Die wohltätige und weissagende Sibylle bewohnte einst ein prunkvolles, unterirdisches Schloß in der Sibyllenhöhle. Aus Gram über ihre drei ungeratenen Söhne, die als arge Raubritter von der Diepoldsburg, dem Wielandstein und dem Rauber die Bauern plagten und die Wagen der Kaufleute plünderten, verließ die Sibylle das Land für immer. Auf einem feurigen, von Katzen gezogenen Wagen fuhr sie durch die Lüfte zu Tal. Wo die Räder ihres Wagens den Boden berührten, gedeiht bis heute die Saat am besten. Die sagenhafte Sibyllenspur hat sich inzwischen als Römerspur erwiesen: Zwei parallele, von Erdreich aufgefüllte Spitzgräben, die zur Befestigungsanlage eines Limeskastells gehörten, sind die Ursache des Phänomens. Im tiefgründigen Boden der Gräben gedeiht das Getreide besser.

Eine tragische Liebesgeschichte rankt sich um die Höhle auf dem Gelben Felsen, das Verena-Beutlins-Loch. Mit einem verheirateten Mann aus Beuren hatte Verena Beutlin ein Verhältnis. Sie gebar ihm zwei Knaben, mit denen sie in der elenden, engen Höhle auf dem Berg hauste. Der Rauch ihres Feuers verriet sie jedoch. Sie wurde ergriffen und als Hexe verbrannt.

„HIER IST FREUDE, HIER IST LUST, wie ich nie empfunden! Hier muß eine Menschenbrust, ganz und gar gesunden!" schwärmt Mörike in seinem Gedicht über die Teck. Er muß es wissen. Zwei Jahre verbrachte er als Vikar in Owen am Fuße der Teck. Seine Zeit dort gehört zu seinen freundlichsten Erinnerungen, wie er im Cleversulzbacher Lebenslauf schreibt. Er war frisch verliebt in seine Luise und wieder eins mit sich und der Welt, nachdem ihn seine ersten Vikarserlebnisse in eine schwere Krise gestürzt hatten. Ein kurzer Versuch, als freier Schriftsteller zu leben, hatte ihn zu der Erkenntnis gebracht, daß er vom Schreiben auf Bestellung bald mehr Bauchweh bekommen würde als vom Predigtenmachen. Auch der enttäuschte und unzufriedene

Auf dem Gelben Felsen.

Auf der Teck

Hier ist Freude, hier ist Lust,
Wie ich nie empfunden!
Hier muß eine Menschenbrust
Ganz und gar gesunden!
  Laß denn, o Herz, der Qual
  Froh dich entbinden,
  Wirf sie ins tiefste Tal,
  Gib sie den Winden!

Mag da drunten jedermann
Seine Grillen haben:
Wer sich hier nicht freuen kann
Lasse sich begraben!
  Laß denn, o Herz, der Qual
  Froh dich entbinden,
  Wirf sie ins tiefste Tal,
  Gib sie den Winden!

Eduard Mörike

Eduard Mörike (1804–1875). Scherenschnitt aus dem Jahr 1874.

**Lerchensporn im
Teckwald.**

Schuster Seppe gesundet – wie der Dichter – beim Anblick seiner Berge, der Teck und des Breitensteins vor allem.

DIE ZÄHRINGER bauten ihre erste Burg auf dem Bergkegel über der Lindach. Die „Lintburc", heute Limburg genannt, wurde um 1060 von den reich begüterten Herzögen erbaut. Die Anlage umfaßte die gesamte Gipfelfläche und war eine der ältesten und bedeutendsten mittelalterlichen Höhenburgen.
Zwischen 1135 und 1150 wurde dann die große Burg auf der Teck errichtet. Zur herzoglichen Residenz avancierte sie 1186 unter Adalbert von Zähringen. Bei einer Erbteilung war er mit dem Weilheimer Besitz im Albvorland abgefunden worden. Er beanspruchte den Titel „Herzog von Teck", ohne daß sein Herrschaftsbereich jemals als Herzogtum anerkannt worden wäre.

DIE HERZÖGE VON TECK waren das nach Abstammung und Geblüt vornehmste Geschlecht am Albtrauf und nach dem Aussterben der zähringischen Hauptlinie (1218) und der Staufer (1268) sogar die ranghöchsten schwäbischen Herrn. Sie standen häufig im Dienst der deutschen Könige. Herzog Kon-

rad I. war auch in die Auseinandersetzung zwischen dem Stauferkönig Heinrich VII. und dessen Vater, Kaiser Friedrich II., im Jahr 1235 verwickelt.
Als das Herzogtum Schwaben unter habsburgischer Führung wiederhergestellt werden sollte, stand Konrad II. von Teck stramm an der Seite Habsburgs gegen den eigenmächtig handelnden Grafen Eberhard und beteiligte sich an den Feldzügen der Jahre 1286/87 gegen den Württemberger.
Im Verlauf dieser Fehde soll das gräfliche Heer die Burg Teck belagert haben. Es wurde, wie es sich für Belagerer geziemt, durch eine List getäuscht: Mangels eines Esels – siehe Neuffen – wurde ein Kalb mit den letzten Wecken gefüttert und der Magen des geschlachteten Tieres über die Burgmauer geworfen. Alles lief drehbuchgemäß: Die Belagerer entdeckten den Magen, deuteten ihn als Beweis für beträchtliche Vorräte auf der Burg und bliesen unverzüglich zum Abmarsch. Die Wecken finden sich als Rauten im Wappen derer von Teck wieder. Den Habsburgern und ihren Verbündeten gelang es zwar, Württemberg zu schlagen, das Herzogtum Schwaben konnten sie jedoch nicht wiederherstellen. Auf lange Sicht sollten die Württemberger die Sieger bleiben.

14

AUFSTIEG UND FALL DES HAUSES TECK.

Der hohe Rang und die Bedeutung der Herzöge läßt sich an den rund zwanzig abhängigen Burgen im Umkreis und am großen Gefolge ablesen.

Auf der Teck tummelten sich Ritter, Künstler, Gelehrte, Handwerker und Gesinde. Prachtvolle Feste und Turniere brachten viele Gäste auf den Berg. Je prächtiger das Fest, um so angesehener der Gastgeber. Man zeigte Reichtum und Macht und legitimierte so seinen Führungsanspruch. Das Ansehen derer von Teck war groß. Konrad II. soll nach dem Tode Rudolfs von Habsburg (1291) sogar zum König gewählt worden sein, so steht es zumindest auf seinem Grabstein in Owen. Er konnte sein hohes Amt allerdings nicht mehr antreten.

Danach begann der Stern des Hauses Teck zu sinken. Nur 12 Jahre nach Konrads Tod wurde eine Hälfte der Burg an Habsburg verkauft, und als Habsburg selbst kein Geld mehr hatte, ausgerechnet an den alten Erzfeind Graf Eberhard von Württemberg verpfändet.

Die Familie von Teck zog sich nach Mindelheim ins bayerische Schwaben zurück. Dort starb die tecksche Nebenlinie der Zähringer 1439 aus.

EIN TRIUMPH FÜR WÜRTTEMBERG.

In den jahrelangen Auseinandersetzungen mit den Habsburgern und dem Reich verlor Graf Eberhard der Erlauchte fast sein ganzes Land. Der aufsässige Graf wurde geächtet, seine Stammburg auf dem Wirtenberg zerstört, Stuttgart und andere Städte vom Reich belagert und besetzt. Erst nach dem Tode Kaiser Rudolfs wendete sich das Blatt. Während seines letzten Lebensjahrzehnts gelang es Eberhard nicht nur, seine gesamte Grafschaft wiederzuerlangen, sondern sie sogar noch erheblich zu vergrößern, auch um eine Hälfte der Teck. Ein großartiges „Comeback" für den Grafen.

EINE WÜRTTEMBERGISCHE BURG.

1381 kam die Burg vollends in württembergischen Besitz. Mit großem Aufwand wurde sie wieder instandgesetzt. Der Turm auf der Südecke und die Westmauer mit ihren Rundtürmen entstammen dieser Zeit. Die neuen Herren investierten erstaunlich viel, obwohl die Teck im Grunde nur eine von 40 württembergischen Höhenburgen war. Doch die Grafen von Württemberg verfolgten ein großes Ziel: ihre Erhebung in den Herzogsstand. Als Nachfolger der Teckherzöge glaubten sie größere Chancen zu haben.

Victoria Mary, Gräfin von Württemberg, Fürstin von Teck (1867–1953).

Mehr als 100 Jahre vergingen jedoch, bis sich dieser Wunsch erfüllen sollte: 1495 erhielt Graf Eberhard im Bart die Herzogswürde. Er durfte sich von nun an „Herzog zu Württemberg und Teck" nennen.

So war die „Burg der Herzöge" zwar wieder im Besitz eines Herzogs, aber Residenz wurde sie nicht mehr. Auch als Festung verlor die Teck bald an Bedeutung. Wie der Hohenstaufen wurde sie 1525 während des sogenannten Bauernkrieges niedergebrannt. Unter Herzog Karl Alexander wurde noch einmal der Versuch unternommen, sie wiederaufzubauen. Mit seinem Tod wurde der Bau jedoch eingestellt. Die Teck blieb Ruine.

SPÄTE EHREN.

Aber noch einmal sollte es einen Herzog von Teck geben. Einem Neffen König Friedrichs I. von Württemberg aus der Kirchheimer Linie wurde der Rang eines Herzogs von Teck zuerkannt, als Entschädigung für seinen Ausschluß aus der Thronfolge. Ausgerechnet seiner Familie sollten jedoch späte Königsehren beschieden sein. Seine Enkelin Victoria Mary, Tochter seines Sohnes Franz Paul Karl Ludwig und der englischen Prinzessin Mary of Cambridge, wurde als „Duchess of Teck" die Gemahlin König Georgs V. von Großbritannien. Die heute regierende Königin Elisabeth II. ist die Enkelin von Victoria Mary.

Im Ersten Weltkrieg wurde der „Duke of Teck" aus der langen Reihe der Titel des britischen Königshauses gestrichen. Dennoch hätte Elisabeth II. 1965 bei ihrem Staatsbesuch im Ländle gern die Teck besucht, aber, wie eingeweihte Kreise wissen wollen, scheiterte dies an den verschiedenen Zuständigkeiten; das Wanderheim auf dem Berg gehört dem Albverein, die Wege hinauf unterstehen dem Landrat. Einer hätte die Königin willkommen heißen dürfen, nur wer? Die Klärung dieser protokollarischen Frage steht noch aus.

15

Des Landes Burg und Festung

TIEF IM GRABEN. Nicht weit vom Burrenhof, am Heidengraben, beginnt ein schöner Weg über die freie, leicht nach Norden ansteigende Albhochfläche. Von der Höhe geht der Blick weit über die Erkenbrechtsweiler Berghalbinsel bis zum Römerstein im Süden. Diese höchste Kuppe der Mittleren Alb erhebt sich auf 874 Meter und begrenzt die nur leicht gewellte Landschaft, die sich als Fläche über dem Weißen Jura Delta nach Südosten einsenkt. Bei Grabenstetten ist ein Anstieg zu erkennen: die Schichtstufe zum Weißen Jura Epsilon.

Auffallend eintönig wirkt die Landschaft der Erkenbrechtsweiler Halbinsel. Tiefe Trockentäler und ausgeprägte Kuppen, die sonst die Mittlere Alb auszeichnen, gibt es nicht. Im Graben ist die Abtragung weniger wirksam als auf dem höheren und damit niederschlagsreicheren Grabenrand. Innerhalb des Grabens hat sich die alte Landoberfläche aus der Tertiärzeit weitgehend erhalten.

Im Tertiär veränderte sich die Landschaft im süddeutschen Raum erheblich. Im Zusammenhang mit der Alpenfaltung wurde die Erdkruste verbogen. Der Voralpentrog sank ein, und das Gebiet nördlich der Donau wurde mehr und mehr herausgehoben. Der Oberrheingraben sank als Folge einer weiträumigen Zerrung der Erdkruste ein. Hebung und Senkung, Zerrung und Verschiebung sind bis heute in der Landschaft erkennbar.

Die Erkenbrechtsweiler Halbinsel ist ein großer, bei der Hebung gewissermaßen zurückgebliebener Block des Albkörpers. Aufgrund der vor Abtragung geschützteren Grabenlage springen in ihrem Bereich Teck, Baßgeige, Neuffen und Jusi deutlich weiter nach Nordwesten vor als die höhere Sankt Johanner Alb und der Breitenstein. Im Osten kann man die Bruchstufe als Anstieg hinter dem Engelhof hinauf zur Diepoldsburg erkennen. Im Westen ist der Grabenrand nicht auszumachen. Wahrscheinlich liegen die Verwerfungen im Ermstal.

WEGE DES WASSERS. Die Niederschläge versickern rasch im zerklüfteten Kalk. In der Tiefe bilden

sich Höhlenbäche, die ihr Wasser zu den Quellen im Tal führen. Das ausgedehnteste Höhlensystem der Alb, die Falkensteiner Höhle, entwässert die Berghalbinsel wie eine Drainage. In Zickzackwendungen zieht ihr auf fünf Kilometer Länge erforschter Hauptgang unter Grabenstetten hindurch bis zum Höhlentor im Elsachtal.

Wenn der Boden gefroren ist, fließt das Wasser oberflächlich ab. Dann können sich in Senken, wie nördlich von Grabenstetten, große Schmelzwasserseen bilden. Zum letzten Mal geschah dies im Februar 1984. Als der Untergrund dann aufzutauen begann, brachen am Grunde des Sees zwei Schächte ein. Durch diese Abflußöffnungen stürzte das Wasser in wilden Wirbeln in die Tiefe und floß zum Falkensteiner Höhlensystem. Bei einem Färbeversuch erschien das Wasser schon nach vier Stunden am Tor der Höhle. Im engen Höhlengang steigt es bei Hochwasser rascher als ein Höhlengänger fliehen kann. Er kann sich dann nur auf die höchsten Trümmerhalden in den großen Hallen retten.

Zum Glück gibt es auf der Mittleren Alb Plätze, an denen sich Wasser nicht nur im Winter hält. Es sind die flachen Mulden über den vulkanischen Schlo-

Tiefe Waldtäler gliedern die Berghalbinsel. Unterhalb von Grabenstetten, im Talschluß der Elsach, liegt der Eingang der Falkensteiner Höhle.

Der Hohenneuffen ist einer der beherrschenden Berge der Mittleren Alb.

Die Esslinger „Höhlen-AG" nach einer 23-Stunden-Nacht mit Vermessungsarbeiten in der Falkensteiner Höhle.

An ihrer Erkundung waren viele beteiligt. Der erste entscheidende Vorstoß gelang der Gruppe von Walter Eisele und Ottfried Bänisch.

Bei Hochwasser bricht ein starker Bach aus dem Tor der Höhle.

Ein Tropfstein in der Falkensteiner Höhle: Die von Mangan- und Eisenverbindungen gefärbten Buckel liegen im Sprühwasserbereich. Wo das Wasser abfließt, haben sich Sinternäpfchen gebildet.

ten. Alle alten Siedlungen auf der Berghalbinsel – Erkenbrechtsweiler, Hülben und Grabenstetten – wurden auf wasserstauendem Vulkantuff angelegt, den man hier nicht umsonst „Wasserstein" nennt. Schon die Kelten haben dieses Wasserangebot genutzt: Im Bereich der Fläche, die vom Heidengrabensystem gesichert wurde, liegen auf 1662 Hektar zehn Schlote. Der Molachschlot am Weg zum Hohenneuffen ist einer davon.

HINAUF ZUR BURG. Über einen schmalen Grat führt der Weg über einen Sattel zur Felsbastion, der Burg Hohenneuffen. Nach dem ersten Durchgang ist in den Unteren Felsenkalken des Weißen Jura Delta der Übergang von Delta 3 zu Delta 4 aufgeschlossen. Grünliche glaukonitische Mergelbänke bilden die Grenze.

Der gewachsene Fels geht in das Mauerwerk über. Die äußeren Festungsmauern sind besonders sorgfältig aufgeführt. Innerhalb der Anlage war man nicht mehr so wählerisch und verbaute, was man hatte: am Eingang zu den Kasematten Weißjurakalk und Kalktuffquader aus den Tälern, braunen Eisensandstein von den Albvorbergen und grobkörnigen Stubensandstein von den Hängen des Neckartals. Für die Stallwände waren Ziegelstücke und Dachpfannen gut genug. Die mächtige Schildmauer, die den inneren Burghof nach Osten begrenzt, und Teile der Umfassungsmauer stammen noch von der ersten Burg aus dem 12. und 13. Jahrhundert, der Ritterburg.

„EIN MANN VON EDLER ABSTAMMUNG und noch edlerem Charakter" – so wird Mangold oder Manegort von Sulmetingen, der erster Herr und wohl auch Erbauer der Burg, von einem zeitgenössischen Zwiefalter Chronisten beschrieben. Sein Vater hatte um 1090 drüben im Donntal die kleine Burg Sperberseck erbauen lassen. Zwischen 1100 und 1120 dürfte der Hohenneuffen entstanden sein. Zwei Burgen in so kurzer Zeit, das mußte sich auch damals eine Familie erst einmal leisten können. Der Graf von Urach war beeindruckt. Er gab dem jungen Aufsteiger seine Tochter zur Frau.

Egino, der Sohn Mangolds, starb 1150 ohne Nachkommen im Kloster Zwiefalten. So endete das erste Geschlecht derer von Neuffen bereits in der zweiten Generation. Erst 1198 gab es wieder einen Ritter von Neuffen: Berthold von Weissenhorn, ein Verwandter der Sulmetinger, trat die Namensfolge an.

REICHSPOLITIK. Weitblick im wörtlichen Sinn kann jeder haben, der den Neuffen besucht. Berthold von Neuffen, der Sohn des Weissenhorners, verfügte über diese Eigenschaft auch im politischen Sinn. Er unterstützte den Aufstieg der Staufer und trug bei der Königswahl ganz wesentlich zum Erfolg des jungen Friedrich II. bei. Bis ins hohe Alter hinein blieb er ein wichtiger Berater Friedrichs.

Heinrich, der älteste Sohn Bertholds, führte das Haus Neuffen zu höchstem Ruhm. Als ständiger Begleiter und Ratgeber des großen Stauferkaisers Friedrich II. erwarb er dessen Vertrauen und wurde für einige Zeit zum Erzieher des Prinzen Heinrich von Staufen bestimmt. Der Neuffener war häufig an Friedrichs Hof in Sizilien. 1228 begleitete er den Kaiser auf seinem Kreuzzug ins Heilige Land.

Nach dieser großen Unternehmung kehrte Heinrich von Neuffen auf seine Burg zurück. Er hatte die Welt gesehen, und er hatte erlebt, wie im fernen Sizilien regiert wurde. Machte er sich deshalb Sorgen über den wachsenden Abstand zwischem dem Kaiser und den deutschen Landen? Seine Überlegungen sind nicht überliefert. Tatsache ist, daß sich der Neuffener nur wenige Jahre nach dem Kreuzzug aktiv an einer Rebellion gegen den Kaiser beteiligte. Heinrich nutzte seine Stellung am Königshof, um den Sohn gegen den Vater aufzuwiegeln. Doch Kaiser Friedrich II. fackelte nicht lange. Er rückte in Deutschland an, um Ordnung zu schaffen. Es kam zum offenen Kampf zwischen Vater und Sohn. Im Ermstal schlug der Kaiser den Kern der Aufständischen. Heinrich von Neuffen, sein Sohn Gottfried

Blick vom Wilhelmsfelsen auf den Hohenneuffen.

19

Hohenneuffen.
Die Zeichnung zeigt
den Zustand der Burg
vor 1733.

lache, daz mîn sorge swinde,
lachelich ein roter munt,
sît dîn lachen mich enbinde
von den sorgen, daz ich finde
froide, dast ein lieplich funt.

Gottfried von Neifen

Gottfried von Neifen.
Aus der Manessischen
Liederhandschrift.

und die Grafen von Urach wurden gefangengenommen. Die Uracher kauften sich los. Die Neuffener verloren die Achalm, wurden aber dank ihrer Verdienste um das Haus Staufen rehabilitiert. Ihre politische Karriere war damit allerdings beendet. Gottfried von Neifen gab sich nun seiner eigentlichen Begabung hin und verhalf dem Haus Neuffen als begnadeter Minnesänger zu höchstem Ruhm ganz anderer Art. Einige seiner Lieder sind in der berühmten Manessischen Handschrift überliefert. Mit ihm starb 1281 die zweite Linie der Herren von Neuffen aus.

FESTE UND VERLIES. Graf Eberhard der Erlauchte von Württemberg erstand schließlich 1301 Herrschaft und Burg Hohenneuffen, um sein Land im Südosten zu erweitern und zu sichern. Neben Hohenasperg und Hohenurach gelangte auch der Hohenneuffen zu trauriger Berühmtheit als Gefängnis für mißliebige Landeskinder. Der Freigeist Matthäus Enzlin, der Kanzler der Universität Tübingen, der kritische Abgeordnete des Landtags Conrad Breuning, der Abt von Zweifalten und das Finanzgenie Jud Süß saßen in diesem elenden Verlies. Nicht

zu vergessen die Bauern, die es wagten, das herzogliche Privileg der Jagd zu verletzen, sowie unbotmäßige Handwerker und Soldaten. Heute ist der Arrestantenturm des Hohenneuffen blitzblank renoviert. Unter einem feuerverzinkten Rost ahnt man das schreckliche Loch, in dem Menschen wie Tiere gehalten wurden, kaum. Wie wäre es mit einer zweiten Runde der Renovierung, in der der Kerker als Kerker erkennbar wird und mit einer Tafel zum Gedenken an die Gefangenen?

DER DREISSIGJÄHRIGE KRIEG. Über Jahrhunderte hinweg stellte die Burg ihre Uneinnehmbarkeit unter Beweis. Ihre schwerste Probe hatte die inzwischen zur Höhenfestung ausgebaute Anlage im Dreißigjährigen Krieg zu bestehen. Der schwäbische Hauptmann Schnurm auf Hohenneuffen setzte auf Stillhalten und Durchhalten. Sein sächsischer Kollege Holtzmüller auf Hohenurach hingegen versuchte, die Burg durch immer neue Ausfälle zu halten. Das war zwar ruhmvoll, brachte aber Hohenurach letztlich keinen Erfolg. Kommandant Holtzmüller wurde mehrfach verwundet und verlor das Augenlicht. Munition und Nahrung waren bald

20

verbraucht. Nach 11 Monaten war Hohenurach am Ende. Holtzmüller schlug sich mit 30 Getreuen zum Hohenneuffen durch. Doch Schnurm nahm die Flüchtlinge nicht auf. Er ließ den blinden Sachsen und seine Mannen im Vorhof sitzen. Schließlich blieb ihnen nichts anderes übrig, als sich nach Ulm zum Herzog durchzuschlagen.

Nach der Schlacht bei Nördlingen 1634 waren der Hohenneuffen und der Hohentwiel die einzigen noch nicht gefallenen württembergischen Festungen. Ihre Chancen standen gut; es war genügend Proviant und Munition vorhanden. Die starken Mauern der Festung widerstanden dem Beschuß und den Sprengversuchen der Belagerern. Unter den Soldaten wuchs jedoch die Unruhe. Sie zwangen Schnurm nach 14 Monaten Belagerung, die immer noch intakte und wohlversorgte Burg an die Kaiserlichen zu übergeben. Damit verlor Schnurm die Gunst seines Herrn. Nach der Rückgabe des Hohenneuffen, noch vor Ende des Dreißigjährigen Kriegs, ernannte Herzog Eberhard III. den draufgängerischen Holtzmüller zum neuen Kommandanten.

DER ESEL, dem die Neuffener ihren Spitznamen verdanken, war offenbar nicht zur Stelle, sonst hätte sicher auch Kommandant Schnurm zu dieser bewährten Kriegslist gegriffen: Bei einer der kriegerischen Auseinandersetzungen soll ein Grautier, das in friedlichen Zeiten das Wasser aus dem Tal hinaufgetragen hatte, die Burg gerettet haben. Man fütterte den Esel mit dem letzten Scheffel Korn, schlachtete ihn und warf den gefüllten Magen über die Mauer, den Belagerern vor die Füße. Als diese sahen, daß man auf der Burg sogar noch die Esel mit Korn fütterte, gaben sie auf.

In den Geschichten, die sich um die Belagerungen von Burgen und Städte ranken, sind eigentlich immer die Belagerer die Dummen. Ob korngefüllte Eselsmägen über die Mauer geworden werden, wie auf dem Neuffen, oder weckengefüllte Kälbermägen, wie auf der Teck, oder gar, wie zu Crailsheim geschehen, die Hinterteile der wohlgenährten Damen auf der Mauer gezeigt werden – immer ziehen die verblüfften Belagerer ab.

EINE NUMMER ZU GROSS. Karl Alexander, seit 1735 Herzog von Württemberg und vormals General im Heer des Prinzen Eugen von Savoyen, war nach seinen Erfahrungen im Türkenkrieg von der Bedeutung starker Festungen französisch-ungari-

Die Mauern der Burg wachsen aus dem Fels.

scher Bauweise überzeugt. Der Hohenneuffen sollte wie der Hohentwiel und der Hohenasperg zu einer großartigen Festung nach Vaubanschem Vorbild ausgebaut werden. Für ein Land wie Württemberg war das Bauvorhaben aber mindestens eine Nummer zu groß. Spätestens der Nachfolger Karl Alexanders, Herzog Karl Eugen, mußte dies einsehen, als ihm der Landtag das Geld für den Hohenneuffen verweigerte. Von da an ging's bergab auf dem Berg. Herzog Ludwig Eugen soll auf die Meldung: „Auf Neuffen nichts Neues vorgefallen" im Jahr 1793 nur noch erwidert haben: „Oh, ich bin froh, wenn nichts Altes eingefallen ist." 1801 wurde die Festung Hohenneuffen endgültig aufgehoben und ihre Mauern zum Abbruch freigegeben.

GIPFELKONFERENZ. Ein Schild an der Burgwirtschaft belegt es: Hier trafen sich 1948 hohe Herren. Zwei von ihnen, nämlich der Ministerpräsident von Württemberg-Hohenzollern, Dr. Gebhard Müller, und der Ministerpräsident von Württemberg-Baden, Dr. Reinhold Maier, konnten von hier auf ihr Staatsgebiet hinabblicken. Der Dritte im Bunde, Ministerpräsident Dr. Leo Wohleb aus Südbaden, kam von

Die Wappentafel Herzog Ulrichs von Württemberg im Burghof.

Von der Schildmauer geht der Blick nach Westen über die Neuffener Talbucht zum weit vorspringenden Rücken mit dem Dettinger Hörnle. Dahinter die St. Johanner Alb und die Achalm, in der Ferne die Kuppe des Roßbergs.

von weiter her. Hier begannen die Gespräche, die schließlich die drei Länder zu einem einheitlichen Südweststaat, dem heutigen Baden-Württemberg, zusammenführten. Inzwischen ist dieser Staat schon ins Schwabenalter gekommen. Das wurde, wie könnte es anders sein, auch auf dem Neuffen bejubelt, bevespert und begossen.

BLICK INS LAND. Der Neuffen liegt als Teil der Erkenbrechtsweiler Halbinsel im geologischen Tief. Da die Albtafel insgesamt nach Nordwesten ansteigt, erreicht er dennoch 743 Meter Höhe und ist damit ein großartiger Aussichtspunkt. Der Blick über den Talkessel bis zum fernen Westhorizont ist besonders eindrucksvoll. Tiefgestaffelt liegen die Bergvorsprünge der Mittleren Alb vor der blassen

Kontur des Schwarzwalds in der Ferne. Der schmale Bergrücken von der Karlslinde über das Schillingskreuz und das Dettinger Hörnle bis zum Jusi springt am weitesten zum Neckar hin vor. Wie ein Vorposten erhebt sich der Florian über die Tafel des mittleren Braunen Jura.

Hinter dem Ermstal steigt der Dettinger Roßberg über 800 Meter hoch auf. Den Grasberg ziert ein Fernsehumsetzer. Eine Stufe tiefer und ein Stück weiter westlich im Weißen Jura Beta schließen sich der Gutenberg und die Achalm an. Der beherrschende Berg in der Ferne ist der Gönninger Roßberg. Diese 869 Meter hohe Aussichtswarte ist ein Auslieger im Weißen Jura Delta. Die Fläche des Heufelds über dem Weißen Jura Beta überragt sie um 200 Meter. Schon im Blau der Ferne: die Kontur des Dreifürstensteins.

22

NACHTSTIMMUNG. Bei Nacht wird der Kontrast zwischen der dunklen, dünnbesiedelten Alb und dem erleuchteten Neckarland so richtig deutlich. Wie eine Millionenstadt präsentiert sich das Lichtermeer im Albvorland. Von Neuffen, direkt unterhalb der Burg, ziehen sich die Lichter über Linsenhofen nach Frickenhausen das Täle hinunter bis nach Nürtingen, neckartalabwärts bis Plochingen und mit kühnem Schwung um das Neckarknie hinauf zum Schurwald und zu den Höhen bei Esslingen. Übermäßig hell sind die Lichtpunkte der Flutlichtanlagen am Rande der Siedlungen. Am Fernsehturm enden die gelben Lichterketten entlang der Straßen auf den Fildern. Die Lichtfinger des Fernsehturms und die roten Warnleuchten auf dem Schornstein des Kraftwerks von Altbach sind unübersehbar. Flutlicht erhellt den Flughafen, die Scheinwerfer des Towers blitzen. Lichtkegel und blinkende Positionslichter schweben am dunklen Himmel. Flugzeuge sind's, keine Leuchtkäfer.

Dunkle Flächen dehnen sich zwischen den Lichterketten: die Felder und Wälder im Schwarzen und im Braunen Jura, im Keuper die Talränder des Neckars, der Schönbuch und der Schurwald. Selbst auf den Fildern gibt es noch ein paar dunkle Streifen. Hoffentlich bleibt es dabei. Jeder Bauplatz, jede Straße, jedes neue Gewerbegebiet auf den Fildern verbraucht ein Stück besten Bodens und Freiraum im Großstadtbereich. Auch in Zukunft sollte man sich zwischen den Feldern auf den Fildern erholen können. Weithin aber haben die Lichter im geschäftigen Neckarland die Schatten und die Ruhe der Nacht verdrängt.

Das Lichtermeer im Vorland des Hohenneuffen.

Vulkane ohne Feuer

Tuffschlot mit großen Weißjurablöcken.

Im Jusi steckt einer der großen Schlote des „Schwäbischen Vulkans".

NOCH KEIN THEMA. Der Seppe machte auf der Bempflinger Höhe Rast und sah mit großen Freuden bald die „wundersame blaue Mauer". Dichterträume, Jugendsehnsucht weit über die Alb hinaus. Mörike, der Erfahrene, weiß wohl, was den Seppe auf seinem steinigen Weg über die Alb erwartet. Der Schustergesell ahnt es vielleicht, aber sein Fernweh ist stärker.

Ihn lockt es in die geheimnisvolle Welt hinter jener Mauer. Für das reizvolle, bergige Vorland – Grafenberg, Florian, Metzinger Weinberg und Hofbühl, selbst den markanten Jusi – hatte man damals noch keine Augen. Ihr tieferes Geheimnis, den vulkanischen Kern, konnte der Dichter nicht ahnen. Gewiß hätte er sonst den Seppe auch auf den Grafenberg, den Florian oder gar den Jusi steigen lassen.

SCHWÄBISCHER RIGI wird der 522 Meter hohe Florian auch genannt und dies zu Recht. Zwar ist der Florian nicht so hoch wie der Rigi am Vierwaldstätter See, aber auch der Ausblick von seiner Höhe kann sich sehen lassen.

Gegenüber liegt der kahle Kohlberg, der Jusi. Er enthält einen der über 350 tertiären Vulkanschlote, die man von der Alb kennt. Am dichtesten liegen sie zwischen Kirchheim und Urach. Im Albvorland rund um den Florian bilden sie die auffälligsten Landmarken. Der Jusi gehört zu den großen; sein Schlot hat einen Durchmesser von rund einem Kilometer. Auch Spitzberg und Engelberg am Fuße des Beurener Fels, der Hohenbol an der Teck und der Aichelberg in der Ferne sind Zeugen des Albvulkanismus. Der Rangenberg vor der Achalm und der Metzinger Weinberg, der Hofbühl und der Grafenberg gehören ebenfalls dazu.

Die Achalm wird wegen ihres kegelförmigen Gipfels zwar oft als Vulkan „verkauft", sie ist aber „nur" ein Zeugenberg, ein Rest der Albtafel, die einst viel weiter nach Nordwesten reichte. Sie ist zwischen Erms und Echaz vor dem Albtrauf übriggeblieben, nicht zuletzt dank ihrer harten Deckplatte aus den Wohlgeschichteten Kalken des Weißen Jura Beta.

DER „SCHWÄBISCHE VULKAN" macht die Landschaft vor der Alb so vielgestaltig. Nie aber waren die kegelförmigen Berge, die hier das Albvorland prägen, feuerspeiende Berge wie der Ätna oder der Pinatubo. Hoch über dem heutigen Land, auf einer „Uralb", spuckte vor 15 bis 17 Millionen Jahren der Schwäbische Vulkan an vielen Stellen. Glühendes Magma stieg damals aus dem Erdmantel auf, entlang der Klüfte im Gestein. Wo es das Grundwasser erreichte, kam es zu gewaltigen Dampfexplosionen. Flache Trichter wurden ausgesprengt.

Richtige Vulkanberge gab es, nach allem, was man weiß, auf der Albhochfläche nie, auch keine glühenden Lavaströme. Von den Sprengtrichtern sind allenfalls flache Mulden übriggeblieben, in die sich viele Dörfer auf der Mittleren Alb eingenistet haben: Hülben, Grabenstetten, Wittlingen, Zainingen, um nur einige zu nennen. Wo die Schlote der Einzelvulkane am Albtrauf herausgewittert sind, kann man einen Blick auf den erstarrten Inhalt der Schlote, den „Basalttuff", werfen. Das macht den Jusi so interessant und den Calverbühl über Dettingen. Die Schlotfüllungen sind widerstandsfähiger als die Ton- und Mergelschichten im untersten Weißen Jura und im Braunen Jura. Deshalb werden sie durch die Abtragung herauspräpariert und bilden schließlich im Albvorland Bergkegel. Diese erinnern zwar in ihrer Form an Vulkane, sie sind aber keine Aufschüttungskegel, sondern Härtlinge, sogenannte „Erosionskegel".

Im mittleren Braunen Jura gibt es Sandsteine und Kalksteinschichten, die widerstandsfähiger sind als die Ton- und Mergelschichten darüber und darunter. Im Umfeld der Vulkanschlote haben sich diese harten Platten meist länger gehalten. So zieht sich die schmale Blaukalkplatte im Bogen um den Jusi herum und von Kappishäusern als Rücken zum Metzinger Weinberg und zum Neuhäuser Hofwald hin. Hofbühl, Metzinger Weinberg und Florian werden von der tieferliegenden Stufe, die von Sandsteinen des unteren Braunen Jura gebildet wird, umschlossen. Wie Eckpfeiler stehen die „Schlotberge" an den Rän-

Der alte Dorfkern von
Grafenberg liegt auf
einer Sandsteinplatte im
Braunen Jura.

dern der Braunjuraplatten. Der Grafenberg allerdings liegt weiter draußen im Vorland und ist schon abgetrennt. Nur ein Rest der Sandsteinplatte hat sich an seinem Osthang erhalten. Auf ihm liegt der alte Dorfkern.

Über den wasserstauenden Ton- und Mergelschichten im Braunen Jura treten viele kleine Quellen aus. Die Bäche schneiden sich tief ein. Unwegsame Waldklingen entstehen, die an die Keuperlandschaft im Schurwald und im Schönbuch erinnern. Im Laufe der Zeit rücken die Stufenränder immer weiter auseinander. Die Flächen über den harten Schichten werden nach wie vor landwirtschaftlich genutzt.

GRAFENBERG. Im Windschatten, auf der Nordostseite des Grafenberg, liegt der alte Dorfkern: Kirche, Pfarrhaus und Zehntscheuer. Die Grundmauer des Pfarrhauses ist aus Braunjurasandsteinen aufgeführt. Das Portal am Pfarrhaus und die hellgrauen Sandsteinquader sind von weiter her. Aus diesem Stein, dem Stubensandstein, wurden sogar Dome gebaut. Auf Floß und Schiff fuhr der begehrte helle Sandstein einst von den Brüchen bei Neckartenzlingen neckarabwärts und auf dem Rhein bis Köln. Por-

tal und Quader am Pfarrhaus scheinen aus zweiter Hand zu sein – recycled, wie man heute sagt. Vielleicht stammen diese Steine von einem aufgelassenen Kloster oder einer älteren Kirche oder gar von der Burg der „Grafen" von Grafenberg?

Auf dem flachen Buckel über dem Dorf sieht man noch Graben und Wall. Bei Ausgrabungen 1989 kamen Scherben der jungsteinzeitlichen Michelsberger Kultur, aus der Zeit um 4000 v. Chr., zutage sowie aus der frühen Keltenzeit, der Hallstattzeit um 500 v. Chr., aber keinerlei Reste einer Burg. Das Ergebnis ist erstaunlich, denn in der Kieserschen Forstkarte von 1683 kann man die Ruine einer Burg deutlich erkennen. Noch ist nicht alle Hoffnung verloren; die Grabung erfaßte nicht den ganzen Gipfel, die Burg kann noch gefunden werden. Wenn es auf dem Grafenberg je eine Burg gab, dann saßen dort aber gewiß keine Grafen, allenfalls Dienstmannen, die zur Grafschaft Urach gehörten. Seit der Berg den Grafen von Württemberg gehörte, nannte man ihn „der Grafen Berg".

EIN STAUFEN ist ein umgestürzter Becher. Daran sollen sich die alten Deutschen erinnert haben, wenn sie solche Berge sahen. Auch der Florian fing einmal als Staufen an. Der alte Namen ist vergessen. Als Florian ist er inzwischen auch in Geologenkreisen bekannt. Granitbrocken, die man auf seiner Höhe fand, haben den Vulkanschlot berühmt gemacht. Lange bevor der Tübinger Geologe Wilhelm Branco die Erklärung dafür fand, berichtete Gustav Schwab 1823 vom Sankt-Floriansberg, daß er: „... von drei Seiten mit Reben bewachsen, durch Glimmer und Granit ausgezeichnet ..." sei. In der Wissenschaft wird dieser Granit als Florianit geführt. Ähnliches Gestein gibt es im Grundgebirge des Schwarzwalds. Der Florianit belegt, daß das granitische Grundgebirge, das heute im Schwarzwald ansteht, auch tief unter der Alb vorhanden ist.

Das ist der Punkt, wo Älbler nachdenklich werden. Denn schließlich lag auch der Schwarzwald einmal unter den Ablagerungen vom Buntsandstein bis hinauf zum Weißen Jura. Jetzt sind die Sedimente bis auf den Buntsandstein im Nordschwarzwald abgetragen, weil der Schwarzwald so hoch herausgehoben wurde. Noch ein bißchen Hebung mehr, dann heißt es auch: Alb ade!

XENOLITHE. Die grobkörnigen Florianitbrocken wurden bei den Eruptionen so rasch nach oben gerissen, daß sie im wesentlichen unverändert geblieben sind. Auch Stücke der Schichtgesteine, die ursprünglich das Grundgebirge überlagerten, – Rotliegendes, Buntsandstein, Muschelkalk, Keuper, Schwarzer, Brauner und Weißer Jura – wurden mitgerissen. „Xenolithe" nennt der Fachmann diese Fremdgesteine. Sie sind mit das Aufregendste am Albvulkanismus, geben sie doch einen Blick in große Tiefen frei, bis zu 40 Kilometer tief hinab in den Erdmantel. Das jüngste Bohrloch von Urach erreichte in 1600 Metern das Grundgebirge und durchteufte vergleichsweise 4444 Meter.

Auf dem Florian gibt es den tiefen Einblick ganz umsonst. Vielleicht ist er deshalb vielen Schwaben so sympathisch. Inzwischen allerdings sind Glimmer und Granit auf dem Florian aufgesammelt, und nachgraben sollte man nicht. Unübersehbar sind die größten Xenolithe: Weißjurablöcke. Sie wurden noch oben aus der Schlotwand gerissen und sanken in der lockeren, krümeligen basaltischen Schlotfüllung tiefer und tiefer.

DER GEIST, der der Sage nach auf dem Florian haust, ist ein Zwerg, dessen richtigen Namen keiner

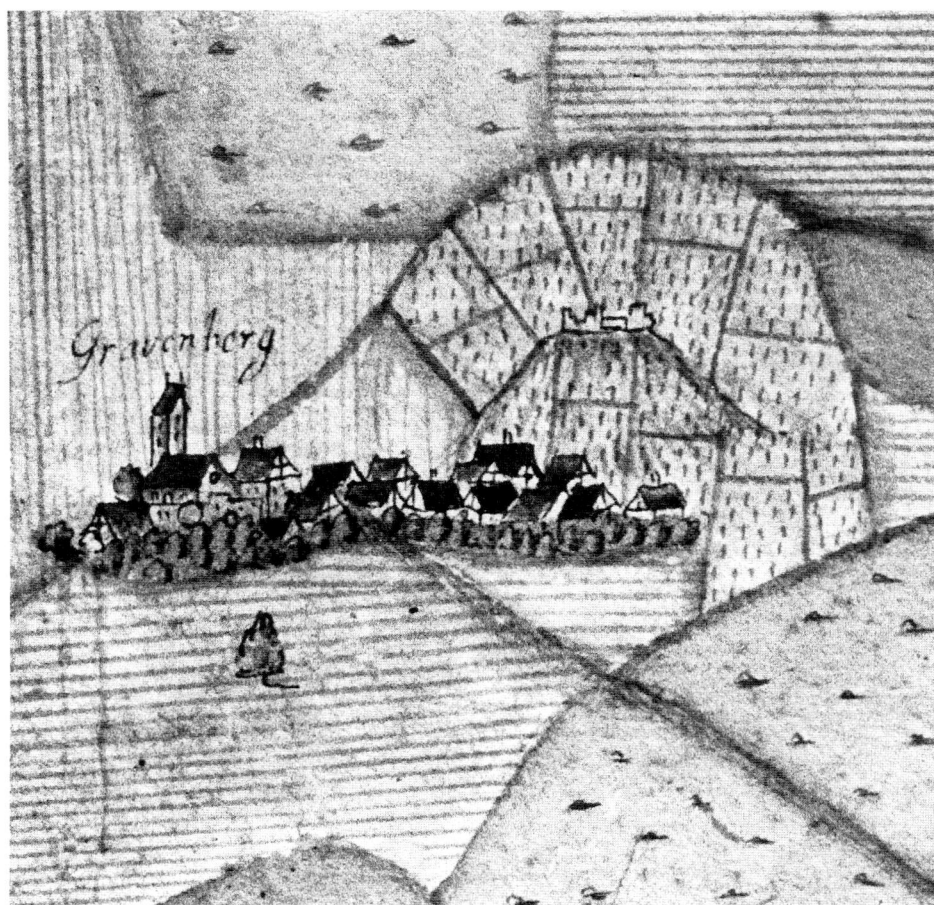

Grafenberg mit Ruine. Ansicht auf der Kieserschen Forstkarte, 1683.

kennt. „Gürtelknopf" wird er genannt, nach dem großen Knopf an seinem Gürtel. Diesen Namen mag der wandlungsfähige Erd- und Feuergeist jedoch nicht. Das hat der fleißige und sparsame, aber bitterarme Frieder aus Kappishäusern – andere sagen, er sei aus Metzingen gewesen – erfahren, als der Geist in Gestalt einer hellen Kugel zur Nachtzeit in die Schlafkammer rollte. An der Wand über dem Bett war in feuriger Schrift zu lesen:
„Kommst du heut' nicht zum Florian,
So wächst die Not noch größer an."
Da stand der Frieder auf und ging zum Florian. Als er ankam, schlug es gerade Mitternacht, und eine Flamme stieg aus dem Gipfel auf. Zugleich war eine wundersame Weise zu hören, und junge Frauen in weißen Kleidern tanzten um das Feuer. Aus der Flamme sprang ein kleines Männlein, hüpfte und lachte, streckte sein Hütlein und schlug den Takt. Da nahm eine der Frauen ihre goldene Kette vom Hals und warf sie dem Frieder vor die Füße. Als er sich bückte, um die Kette aufzuheben, wuchs an ihrer Stelle ein Geist aus der Erde. „Gürtelknopf!" rief der Frieder und handelte sich dafür ein paar Maulschellen ein. Da lief er, was er laufen konnte nach Haus

27

Über die Verebnung im Braunen Jura erheben sich die Berge um die Vulkanschlote. Von rechts nach links: Jusi, Hofbühl, Florian, Metzinger Weinberg und Grafenberg.

Diamanten gibt es nicht in den schwäbischen Schloten, obwohl sie den Pipes Südafrikas ähnlich sind. Fehlte es am Druck oder an der Temperatur oder an beidem? Württemberg blieb ohne die edlen Steine. Vielleicht war's ein Glück.

und sank mehr tot als lebendig ins Bett. Doch der Geist hatte ein Einsehen mit dem armen Burschen. Als er am anderen Morgen aufwachte, war der Tisch reich gedeckt und auch sonst, so weiß man, habe er seit dieser Nacht mehr Glück gehabt als früher.

Eine eigentümliche, schwer zu deutende und wohl auch nicht vollständige Sage. Vom vulkanischen Kern des Bergs konnten die Alten kaum etwas wissen. Allenfalls deutet die Geschichte auf einen „Feuerzauber" aus vorchristlicher Zeit hin, auf einen Kult. Nicht von ungefähr wurde gerade hier schon sehr früh eine Sankt-Florians-Kapelle gebaut, einem Heiligen zu Ehren, der das Feuer löscht und vor Feuer schützt. Kapuzinermönche vom Mönchshof in Urach betreuten die Kapelle bis zur Reformation. Außer der Erinnerung an den heiligen Florian ist aus der Zeit davor nichts erhalten geblieben.

BLICK IN DIE FERNE. Auf der Kupferplatte, die der Schwäbische Albverein auf der Höhe des 522 Meter hohen Florian verankert hat, sind viele Aussichtspunkte verzeichnet. Mancher Hinweis macht neugierig, besonders der auf den Hohenzollern. Sieht man ihn wirklich? Mit dem Fernglas sind die Türme des Schlosses als Zacken in der Kontur des Dreifürstensteins tatsächlich auszumachen. Großartig ist der Blick ins Ermstal. Aus dem Abhang der Alb ragt der kahle vulkanische Calverbühl bei Dettingen heraus. Die Ruine Hohenurach leuchtet in der Sonne. Wie eine geschlossene Mauer steigt die St. Johanner Alb jenseits des Ermstals über 800 Meter auf. Ein Kranz heller Felsenriffe schmückt die Oberkante ihres Traufs vom Wolfsfelsen über Glems

bis hinüber bis zum Sonnenfels über Dettingen. Beherrschend ist der Jusi im Süden, obwohl er nur 663 Meter hoch ist. Seine Stirn ist kantig und kahl. Kahle Berge sind auf der Alb eine Rarität und deshalb durchweg geschützt. Der Boden am Jusi ist auffällig schwarz, vielleicht hat er daher seinen anderen Namen, Kohlberg. Wo Wanderstiefel und Mountainbikes die Grasnarbe zerstört haben und Bodenerosion eingesetzt hat, ist der vulkanische Tuff des großen Schlots zu sehen. Auch er ist fast schwarz. Nichts wäre leichter, als den Jusi aufzuforsten, aber das traut sich keiner mehr, denn der Jusi ist als alter Weideberg nun einmal kahl und wird in dieser Form geschützt. Das ist gut so, denn die Weideflächen auf der Alb sind selten geworden. Inzwischen gibt es zwischen Kohlberg und Kappishäusern das knapp 50 Hektar große Naturschutzgebiet „Jusi – auf dem Berg", vor allem dem außerordentlichen Artenreichtum der Pflanzen-, Vogel- und Insektenwelt zuliebe. Und dafür muß der Jusi kahl bleiben!

VOM JUSI ZUM NEUFFEN. Auf der Höhe des Jusi steht der Gedenkstein für Gustav Ströhmfeld, einem der Vorsitzenden des Schwäbischen Albvereins. Nach ihm ist der Wanderweg benannt, der von hier aus rund um die Neuffener Bucht zum Hohenneuffen führt, zwölf Kilometer weit oder rund drei Stunden: zum Sattelbogen über das Hörnle, zum Schillingskreuz, hinauf zur Karlslinde, über den Kienbein, zum Burrenhof, am Heidengraben entlang, vorbei am Molach und über den Buckel zur Schanze und schließlich zur Burgruine. Der lange Berggrat zwischen dem Ermstal im Westen und dem

Neuffener Tal im Osten gehört heute zu einem recht umfangreichen Naturschutzgebiet.

Der Weg zum Hohenneuffen verläuft im wesentlichen auf der Höhe des Weißen Jura Beta. Nur im Sattelbogen steigt der Wanderer bis in den Weißen Jura Alpha ab. An der Steinbruchwand am Osthang des Dettinger Hörnle ist der Untere Weiße Jura beispielhaft aufgeschlossen. Die Kalksteinschichten sind säuberlich durch dünne Mergelbänkchen getrennt. Der Steinbruch belieferte früher das Portland-Zementwerk Nürtingen. Der Streit um den Bruch und damit um den Bestand des Dettinger Hörnle wurde jahrzehntelang äußerst erbittert geführt. Dem naturverbundenen Geologen Georg Wagner und dem Vorsitzenden des Schwäbischen Albvereins, Georg Fahrbach, ging der Abbau gegen den Strich, trotz des schönen Weißjuraprofils im Bruch. Sie wollten das Hörnle nicht in den Drehöfen des Zementwerks verschwinden sehen. Das war kein einfacher Vorsatz in der Nachkriegszeit, als es nur darum zu gehen schien, die Schlote rauchen zu lassen und jedes Bauvorhaben so rasch wie möglich voranzutreiben.

Am Ende siegte der Naturschutz. Das Hörnle blieb erhalten, der Steinbruchbetrieb wurde eingestellt. Die Drahtseilbahn nach Neuffen verschwand und bald auch das Nürtinger Zementwerk. Zurück blieb nur das liebe „Dälesziegle", das auch ohne Steine bis zum heutigen Tag wirtschaftlich fährt – wohl, weil's privat ist. Es blieb die „große Wunde am Körper der Schwäbischen Alb". Auffüllen! Aufforsten! war jetzt die Parole der Naturschützer. Sie wollten ihr altes Hörnle wiederhaben.

UND ZWEITENS KOMMT ES ANDERS.

Doch ehe man sich's richtig versah, hatten sich die Zeiten geändert und auch die Bewertung der Lage durch die Naturschützer. Der Steinbruch wurde zum Wallfahrtsort der Geologen und, was wohl schwerer wiegt, die „häßliche" Wand hatte sich in ein „schützenswertes Biotop" verwandelt. Inzwischen fühlen sich hier Segelfalter wieder heimisch. Auf den wasserstauenden Tonen des Weißen Jura Alpha, am Grunde des Bruchs, bilden sich im Frühjahr flache Tümpel, in denen Gelbbauchunken zu Hunderten laichen. Keine Rede mehr von Auffüllen und Aufforsten.

In den 80er Jahren entdeckten die „Sondermüllentsorger" des Landes die „häßliche Wunde" wieder. Den Plan, wie sie zu heilen wäre, hatten sie in der

Tasche. Wieder gingen die Wellen hoch, und wieder siegte der Bürgerwille. Diesmal gegen die Auffüller, zum Schutze des einst so ungeliebten Steinbruchs. Inzwischen ist das Hörnle samt Bruch Naturschutzgebiet. 766 Meter hoch liegt der höchste Punkt des lang umkämpften, denkwürdigen Berges. Platz für ein Naturschutzdenkmal wäre vorhanden, vielleicht mit der Inschrift „So isch no au wieder".

DAS MOLACH.

An der Neuffener Steige lag einst, hinter einem Fels versteckt, ein weiterer großer Steinbruch. Am Eingang des Bruchs blieb ein Vulkanschlot als Naturdenkmal erhalten.

Einen zweiten bemerkenswerten Schlot, das Molach, erreicht man auf dem Weg zum Neuffen. Der flache Sprengkessel liegt nahe am Albrand und hat rund 100 Meter Durchmesser. Ganz ähnlich wie beim viel größeren Randecker Maar wird seine Füllung vom Albtrauf her ausgeräumt.

In ihrer Mitte hat man den moorigen Boden etwas ausgehoben, damit sich im Frühjahr über dem wasserstauenden Tuff ein Tümpel so lange hält, bis sich die Unken und die Molche im Molach entwickelt haben. „Molach" meint nichts anderes als Molchwasser. In jüngster Zeit wurde es mit schwerem Gerät weiter ausgeräumt. Die Botaniker und die Archäologen hatten wieder einmal das Nachsehen. Zum Neuffen geht es an der „Keltenschanze" vorbei und am Startplatz der Drachenflieger, einem blankgewetzten Felsen, und weiter dem Albtrauf entlang. Schließlich wird der schmale Grat erreicht, der den vorgeschobenen Felsklotz des Hohenneuffen noch mit der Alb verbindet.

Der Georgenberg, links im Bild, ist vulkanischer Natur, die Achalm hingegen ein Zeugenberg der Alb.
Radierung von Felix Hollenberg, 1931.

In der Mulde des Molach steht das Wasser über dem Basalttuff.

Burg und Stadt und Wasserfall

AUF DEM HOHENURACH. Die Natur wird wilder im oberen Bereich des Berges. Alte, zusammengebrochene Buchen und Ahornstämme liegen im Bergwald kreuz und quer. Ruprechtskraut wächst auf einem steilen Schuttfeld. Mauern beginnen den Weg zu säumen. Über der Steilwand der Felsen im Weißen Jura Delta erhebt sich die Ruine.

Nesselblätterige Glockenblumen, Hornklee, Sonnenröslein und Johanniskraut blühen am Weg. Hekkenkirsche, Himbeere und Haselnuß bilden schon Früchte. Auf dem Wilden Dosten und der Skabiose tummeln sich Schmetterlinge: Kleiner Fuchs und Kohlweißling, Heufalter und Bläuling. Später im Jahr gesellt sich der prächtige Kaisermantel dazu.

Ein erster Durchlaß, ein Tor. Neben den kleineren Mauersteinen, die von den Felsen des Berges selbst stammen, sind große Kalktuffblöcke verbaut, so wie sie drüben am Wasserfall gebrochen wurden. Die Fensterumrahmungen und das Maßwerk der Kirchenfenster, Säulen und Treppenaufgänge sowie die Umrahmung des Brunnens wurden aus Stubensandstein gehauen. Die Fensterlaibungen im stehengebliebenen Giebel bestehen aus Braunjurasandstein. In den Lücken und Fugen des Mauerwerks und in den Höhlungen des Kalktuff hat sich die typische Spaltenflora entwickelt: Zwei kleine Farne, die Mauerraute und der Braune Streifenfarn, gehören dazu.

AUSBLICKE. Gegenüber liegt der Runde Berg, ein Ausliger, der noch durch einen schmalen Sattel mit der Hochfläche des Rutschenfels verbunden ist. Einst, vor allem während der Alamannenzeit, wohnte man noch dort. Breit hingelagert ist dieser Berg, eine zweistufige Pyramide. Aus den Mergeln von Weißjura Alpha steigt er bis zum Weißen Jura Zeta auf. Die härteren Wohlgeschichteten Kalke des Weißen Jura Beta zeichnen sich als umlaufende Kante ab. Den Pfad hinüber zum Albkörper flankiert ein Felsband im Weißen Jura Delta.

Links vom Runden Berg bilden Massenkalke im Weißen Jura Zeta das Felsrund der „Hölle" mit ihren Schutthalden und den mächtigen Rutschenfelsen,

die bis auf 755 Meter aufsteigen. Rechts des Bergs liegt der Gütersteiner Talkessel. Auch dort rauscht das Wasser wie am Uracher Wasserfall über einen Tuffklotz zu Tal.

Das Kloster, das dort auf einer hohen Kalktuffterrasse stand, ist verschwunden. Schon die ersten Grafen von Urach hatten hier ein Zisterzienserkloster gegründet. Die Württemberger wandelten es 1439 in ein Kartäuserkloster um. Während der Landesteilung (1442–1482), als Urach herzogliche Residenz war, war es sogar Grablege der Uracher Linie. Nach der Reformation wurde das Kloster aufgehoben, die Steine auf Hohenurach und Hohenneuffen verbaut.

IM URACHER WASSERFALL stürzt der Brühlbach 37 Meter im freien Fall über eine Kalktuffwand. Früher rauschte er in hundert Bächlein und Kaskaden durch Moos- und Algenpolster über einen mächtigen Tuffklotz zu Tal. Der Wasserfall in seiner heutigen Form ist eine Folge menschlichen Eingriffs. Der Bach, der einst frei über die Hochwiese floß und immer neue Wasserfälle entstehen ließ, ist gebändigt und springt nun, viel spektakulärer aus einer einzigen im Laufe der Jahre durch ihn selbst vorgebauten Kalktuffschnauze in die Tiefe. Die senkrechte

In Stufen steigt der Runde Berg auf. Drei Jahrtausende lang war er besiedelt: als Höhensiedlung, als Adelssitz und als Burg.

Ein Stück alter Herrlichkeit zeigt dieses Tor am Schloß in Bad Urach.

Vom Hohenurach geht der Blick in das Brühlbachtal. Der Bergvorsprung des Känzele trennt die Bucht des Wasserfalls mit Kalktuffklotz und Hochwiese von der Hölle mit den Rutschenfelsen. Von der Hochwiese stürzt der Wasserfall ins Tal.

Wasserfallwand ist eine Steinbruchwand. Entlang noch heute erkennbarer Sägeflächen wurden große Kalktuffblöcke und -platten abgelöst.

An Ort und Stelle wurden der Kalktuff im bergfrischen, feuchten Zustand bearbeitet und auf die gewünschten Maße zerlegt. Erst beim Trocknen erhärtet dieser Stein und wird so stabil, daß man Brücken, Türme und Festungsmauern aus ihm bauen kann. Die Hohlräume im Tuff sorgen für eine gute Wärmedämmung. Inzwischen ist der natürliche Hohlblockstein, einst einer der begehrtesten Bausteine ringsum, aus der Mode gekommen. Im Vergleich zu den maschinell gepreßten Blöcken sind sein Abbau und seine Zurichtung zu zeitraubend und damit zu teuer.

500 000 Kubikmeter Kalktuff wurden allein am Uracher Wasserfall abgelagert. Geht man davon aus, daß dort Jahr für Jahr über fünf Kubikmeter Tuff gebildet werden, so hätte es rein rechnerisch 100 000 Jahre dauern müssen, um diese Tuffmasse aufzubauen. Da aber kein Jahr wie das andere ist und das Klima erheblichen Schwankungen unterliegt, sind solche Zahlen mit Vorsicht zu betrachten. Erst seit 10 000 Jahren ist es für die Tuffbildung wieder warm genug.

DAS WASSER DES BRÜHLBACHS kommt aus einer Blockhalde am Hang hinter der Hochwiese. Die Felsenquelle im Unteren Weißen Jura Delta ist verschüttet. Mancher Höhlenforscher hat sein Ohr schon an die Felswand gelegt, in der Hoffnung, den rauschenden Bach im Berg und damit eine Höhle zu orten. Diese „Wasserfallhöhle" dürfte zu den größeren gehören. Nimmt man die Menge des abgelagerten Kalks als Hinweis auf die Größe der durch Lösung entstandenen Hohlräume, könnte diese Höhle durchaus das Ausmaß der Falkensteiner Höhle haben. Seit 1936 weiß man, daß der Wasserfall sein Wasser vor allem von den Sickerstellen am Ortsrand von Würtingen hat, das rund 4 Kilometer entfernt liegt. Nur 28 Stunden ist es unterwegs. Zu kurz, um so sauber zu sein, daß man den Schluck aus der kühlen Quelle empfehlen könnte, aber lang genug, um so viel Kalk aufzulösen, daß Kalktuff gebildet werden kann.

Nicht nur am Uracher und Gütersteiner Wasserfall, sondern auch auf ihrem Weg talab lassen die Albbäche Kalk liegen. Moose, Algen, Blätter, Zweige und Schneckenschalen und zum Glück auch Bierbüchsen werden umkrustet, versteinern schließlich und bilden zusammen den Tuff, der oft den ganzen Talboden bedeckt. Deshalb sind die Sohlen vieler Albtäler so eben.

FÜNF TÄLER bilden die Uracher Talspinne: Mauchental, Elsachtal, Zittelstatt, Ermstal und Seltbachtal. Die Ursache für diese Talspinne ist eine geologische Mulde, eine „Eindellung" der Schichten. Durch mehrere Bohrungen weiß man, daß Urach in einem uralten Senkungsbereich liegt, einem Trog, den es bereits im Perm lange vor der Jurazeit gab.

Daß der Albtrauf bei Urach nicht selten vom obersten Weißen Jura gebildet wird, hängt mit dieser tektonischen Mulde zusammen, in der selbst die obersten Schichten des Weißen Jura Zeta vor Abtragung geschützt waren. Die Felsenreihe am Hochberg hinter der Stadt besteht aus Riffen im Weißen Jura Zeta. Auch das Felsenrund der Rutschenfelsen und die Hanner Felsen hoch über der Stadt gehören dem Massenkalk des Weißen Jura Zeta an.

VON DEN HANNER FELSEN hat man den schönsten Blick auf das alte Urach. Ein Bild zum Malen. Die alten Häuser stehen eng verschachtelt beieinander, umgreifen und überkragen sich. Vom Wasser, das es dort gab, ist das meiste verschwun-

Der Hohenurach beherrschte das Ermstal. Der Burghof liegt 692 m hoch und damit 229 m über Bad Urach.

den: der Hirschsee und die Gräben rund um die Stadt. Nur drüben am Schloß blitzt ein Stückchen Erms in der Sonne. Öd und grau wirkt der Marktplatz. Die heimeligen Fachwerkgiebel, die ihn säumen, auch das schöne alte Rathaus und der gotische Marktbrunnen kommen derzeitig gegen die Tristesse kaum an, auch nicht gegen die Bastion einer Bank, aber das wird sich wohl bald zum Besseren wenden. Doch was ist mit dem anderen grauen Riesen, den die Konkurrenz vor das großartig restaurierte und herausgeputzte Schloß betoniert hat? Wird das Städtchen, das eine im Laufe der Jahrhunderte gewachsene Gemeinschaft widerspiegelt, als lebendige Stadt überdauern? Oder ist der Zug an die Ränder so übermächtig, daß am Ende die Stadt als Museum zurückbleibt? Der Blick, das Ermstal hinab, verheißt zunächst wenig Gutes: Straßen dominieren. Die Eisenbahnschienen sind längst rostrot. Dabei bräuchte die Zeit der Bahn noch nicht zu Ende sein: „'s gibt Leit, dia moinet, 's Ziegle dät sich rechna, wenn au net fir d'Bundesbah!"

UNGELIEBTE BURG. Die Reutlinger haben ein geradezu inniges Verhältnis zu ihrem Hausberg, der

Achalm, obwohl dort lange Zeit die Württemberger saßen und diese den Reichsstädtern das Leben gewiß nicht leicht machten. Wie eine Katze auf dem Vogelkäfig lauerte Württemberg dort oben. Die Uracher hingegen, selbst gut württembergisch, hätten auf ihre Burg und Festung eigentlich stolz sein müssen. Doch weit gefehlt, bis heute findet die Burg bei ihnen wenig Beachtung.

Schon zu lange, seit der Übernahme der Grafschaft Urach durch die Württemberger 1265, war die Burg nicht mehr Residenz. Gelebt und regiert wurde in der Stadt. Die Burg bot im Krieg allenfalls den Herrschenden Schutz. Die Bevölkerung der Stadt war den Belagerern der uneinnehmbaren Festung schutzlos ausgeliefert.

Elf lange Monate dauerte eine Besetzung während des Dreißigjährigen Krieges. Schlußendlich zwang der Hunger die Verteidiger auf der Burg doch zur Kapitulation, und alle Leiden waren umsonst. Wen wundert es da, daß die geschundenen Bürger der Stadt vom siegreichen Feind die Schleifung der Burg erbaten, um endlich Ruhe zu haben. Ihr Wunsch blieb unerfüllt. Erst viel später, 1761, gab Herzog Karl Eugen die Festung Hohenurach zum Abbruch frei.

Von acht dreigeteilten Fenstern mit spitzen Bögen des gotischen Baus sind drei erhalten geblieben. In Stubensandstein gearbeitet, bilden sie Nischen mit Sitzbänken.

**Bad Urach liegt in einer geologischen Mulde. Von den Hanner Felsen aus blickt man auf den Trauf bei Hülben.
Das „Alte Oberamt" mit dem königlich-württembergischen Wappen.**

Für den Aufbau des Schlosses Grafeneck kam das Baumaterial gerade recht. Zufall?

TEURE FESTUNG. In Friedenszeiten lebten zehn bis dreizehn Mann auf dem Hohenurach, im Krieg waren es bis zu 200. Da man stets auf eine Belagerung vorbereitet sein mußte, hatte die Burg immer mit Nahrungsmitteln, Waffen, Pulver und Blei ausgestattet zu sein, um eine Kriegsbesatzung mindestens ein Vierteljahr lang versorgen zu können. Aus dem Jahr 1490 sind folgende Angaben überliefert: 440 Zentner Roggen, 535 Zentner Dinkel, 214 Zentner Hafer, 3,5 Zentner Speck, 20 Zentner Schmalz, Erbsen, Linsen, Gerste, 500 Kubikmeter Brennholz und – da es auf der Burg selbst keine Quelle gab, sondern nur Zisternenwasser – 16 000 Liter Wein. Eine Unmenge möchte man meinen, doch auf Hohentübingen waren 80 000 Liter und auf dem Hohenasperg 160 000 Liter eingelagert. Trockenbeerenauslese wird es nicht gewesen sein. So könnte man den Hohenuracher Kriegsmann schon verstehen, der eines Nachts im Laufgraben bergab schlich, um sich von der Quelle über den Mergeln auf halber Höhe einen Schlauch frischen Wassers zu holen.

Die Württemberger hatten schwer zu tragen an ihren Festungen. Allein der Wert des Nahrungsmittelvorrats auf Hohenurach wird auf etwa 1000 Gulden, das entspricht rund 100 000 Mark, geschätzt. 6000 bis 6500 Gulden waren für den Sold aufzubringen. Überhaupt war der weitaus größte Posten auf der herzoglichen Ausgabenliste der Etat für die Festungen Hohenasperg, Hohenneuffen, Hohenurach, Hohentübingen, Hohentwiel und die befestigten Städte Schorndorf und Kirchheim unter Teck. Unter Herzog Ulrich wurde durchschnittlich ein Drittel, in manchen Jahren sogar die Hälfte der Einkünfte des württembergischen Zentralhaushaltes für die Festungen ausgegeben. Wie ein Schutzschild sollten sie die Feinde im Osten und im Süden, die Bayern und die Habsburger, abwehren.
Tatsächlich blieb das Land von 1542 bis 1634 und nach 1648 von Kriegen verschont. Im Dreißigjährigen Krieg konnten jedoch auch die Festungen die Niederlage Württembergs nicht verhindern.

ZUM STAATSGEFÄNGNIS reichte Hohenurach aber allemal. Zu den bekanntesten Gefangenen gehörten: Graf Heinrich von Mömpelgard, genannt „Henri le Fou", der für geisteskrank erklärte Vetter Graf Eberhards im Bart, Matthäus Enzlin, der Kanzler der Universität Tübingen, der 1613 auf dem Marktplatz von Urach enthauptet wurde, die „Landverderberin" Gräfin Würben geborene von Grävenitz, und schließlich der Freigeist Nikodemus Frischlin. Um sein Ende rankt sich die Sage vom Totenköpfle: Zur Strafe für seine freizügigen Reden und Schriften, die auch den Herzog nicht schonten, wurde der Tübinger Gelehrte auf Hohenurach eingekerkert. Frischlin wagte die Flucht. An seinem Betttuch versuchte er sich abzuseilen. Das Tuch riß. An der Stelle, an der er zu Tode kam, soll der Sage nach das Totenköpflein geblüht haben.
Das Totenköpflein ist eine kleine Ragwurz und gehört zu den Orchideengewächsen. Auch „Sametmäntle" nennt man es im Land. Es wächst nur in der hellen Sonne, auf der Schafweide, im niedrigen Gras. Nichts spricht dagegen, daß das Totenköpfle früher am Hohenurach wuchs, als der Berg noch kahl war.

DIE GRAFEN VON URACH. Lange vor der Festung gab es die Burg. Mit dem Bau des Hohenurach wurde wohl schon um das Jahr 1025 begonnen. Man geht heute davon aus, daß die Erbauer aus

der Gegend von Würzburg stammten, also, wie viele andere gräfliche Burgherren auch, Franken waren. Urkundlich erwähnt werden Hohenurach und seine Herrn aber erstmals 1235 in Zusammenhang mit der kriegerischen Auseinandersetzung zwischen dem Staufenkaiser Friedrich II. und seinem Sohn Heinrich VII. Die Uracher unterstützten damals zusammen mit den Grafen von Neuffen die Sache Heinrichs. Bei der „Schlacht im Swiggertal", dem heutigen Ermstal wurde mit dem Sieg des Kaisers über die Truppen seines Sohnes auch das politische Schicksal derer von Urach besiegelt. Um die ihnen vom Kaiser auferlegten Reparations- und Bußgelder und die zuvor entstandenen Kriegskosten bezahlen zu können, waren die Grafen gezwungen, die Herrschaft Urach an die Württemberger zu verkaufen. Sie zogen sich auf ihren zähringischen Erbbesitz mütterlicherseits zurück. Ein Zweig der Familie trat die Nachfolge der Grafen von Freiburg an; ein anderer gründete bei Donaueschingen das Geschlecht der Fürstenberger.

WÜRTTEMBERG KAUFT SICH EIN. Das Geld für den Landkauf der Württemberger stammte im übrigen vom Papst. Die Kurie bezahlte damit den Übertritt der Württemberger ins stauferfeindliche Lager. Die Herrschaft Urach war ein gefundenes Kaufobjekt: ein befestiger Platz an der wichtigen Handelsstraße nach Ulm und Augsburg, mit einem Wasserschloß im Tal und der Burg dazu.

Kein Wunder also, daß Urach während der Landesteilung zur Hauptstadt des südlichen Teils wurde. Die Verwandlung des Städtchens Urach in eine Residenz bedurfte dennoch einiger baulicher Veränderungen: Graf Ludwig ließ das alte Wasserschloß abreißen und 1443 an derselben Stelle das noch heute bestehende Schloß erbauen. Graf Eberhard im Bart, 1445 im Schloß zu Urach geboren und zunächst ebenfalls Herr des sogenannten südlichen „Uracher Teils", tat ein übriges, um sich eine standesgemäße Bleibe zu verschaffen. Anläßlich seiner Vermählung mit Barbara Gonzaga von Mantua ließ er das Schloß ausschmücken. Die romanische Amanduskirche, die sich bei der Hochzeit als zu klein erwiesen hatte, wurde kurzerhand abgerissen, und in gotischem Stil neu erbaut.

Urach boomte. Um so schlimmer das Erwachen, als der Traum plötzlich ausgeträumt war und die Resi-

35

denz 1482 wieder nach Stuttgart zurückverlegt wurde. Durch gezielte Wirtschaftshilfe wurde Urach vor dem Ruin bewahrt.

HEISSES, HEILENDES WASSER hat Urach 1971 zum Ehrentitel „Bad" verholfen und der Stadt eine neue Entwicklungsrichtung gegeben. Ursprünglich sollte neben heißem Wasser und wissenschaftlichen Erkenntnissen über den Untergrund bei der „Erdwärme-Forschungsbohrung Urach" mehr herauskommen, Dampf zum Beispiel für ein Kraftwerk. Noch immer ist dieser Traum nicht ausgeträumt, nur wird es den Höllenlärm und den Gestank eines vulkanischen Dampfkraftwerks, bei dem heißer Dampf zischend und fauchend entweicht, nicht geben. In einem geschlossenen Kreislauf wird das um die 200 Grad heiße Wasser in Röhren nach oben geführt und, sobald es seine Hitze abgegeben hat, wieder in die Tiefe gedrückt, um tief im Grundgebirge erneut aufgeheizt zu werden. Wärme aus der Urzeit unserer Erde ist dort noch vorhanden und Restwärme aus radioaktivem Zerfall.

JENSEITS. Hinter dem Bad, auf der anderen Seite der Erms, steigt die Alb bis zum Nägelesfels auf. Am sonnigen Südhang ist der Wald viel lichter als in den schattigen Talenden von Güterstein und am Wasserfall. Neben der Buche steht die wärmeliebende Flaumeiche; nicht umsonst heißt das Waldstück „Eichhalde". In den Spalten der Felstrümmer im helleren Wald hält sich sogar das Blaugras. Auf dem Fels blüht im Sommer das Felsennägele, eine blutrot blühende Nelke. Von ihr hat der Nägelesfels seinen Namen. Alle Pflanzen und Tierarten stehen hier unter Naturschutz.

Im „Bannwald" darf nichts verändert werden, denn wie auf dem Schild beim Nägelesfels zu lesen ist: „Bannwälder sind Totalreservate. Hier ruht jegliche forstliche Nutzung. Alles bleibt sich selbst überlassen, damit sich die Waldvegetation ungestört entwickeln kann." Der „teutonische Urwald" ist das Ziel. Ein Wald, der zeigt, was hier wachsen würde, wenn die Natur ganz sich selbst überlassen bliebe. Bis es so weit ist, werden Jahrhunderte ins Land gehen. Dies stellt die Neugier der Forstleute und Biologen auf eine harte Probe. Ganz abgesehen davon, daß auch sie in einem richtigen Bannwald nichts verloren hätten.

Die Fläche ist klein. Die Einflüsse von allen Seiten sind groß. Samen von Pflanzen, die hier nicht heimisch sind, fliegen an, und Tiere wandern ein. Ganz zu schweigen von den Einflüssen, die aus dem Grundwasser und aus der Luft auf diesen sich selbst überlassenen Wald wirken. Übrigens, das scheint jetzt schon das Interessanteste an dem Versuch sein: Geschädigte, kranke Bäume läßt man dort wirklich sterben und führt sie nicht ab. Deshalb sind das Waldsterben und seine Folgen in den Bannwäldern deutlicher als anderswo zu sehen. Das Konzept ist richtig, nur die Flächen sollten größer sein, und unsere Erwartungen nicht allzu groß.

Ein Wegzeiger weist auf Höllenlöcher hin, auf tiefe Abrißspalten, die sich parallel zum Albtrauf hinziehen. Bei Nacht und Nebel werden sie zur Gefahr. Geologisch gesehen weisen diese Spalten in die Zukunft: Hier bahnen sich Bergstürze an.

Die Blumen auf den Felsköpfen und den trockenen Schafweiden schmücken die Alb: Silberdistel, Hummelragwurz, Kugelblume, Kartäusernelke, Küchenschelle, Felsennelke.

Der „Bodenlose See"

VIELE WEGE FÜHREN NACH BÖHRINGEN.
Auf dem Weg Blaubeuren zu wanderte der Schuster Seppe wohl durch das Tal der Zittelstatt nach Böhringen. Der Weg war damals beileibe nicht so komfortabel wie heute die Bundesstraße 28, die auf einer breiten Trasse im großen Schwung auf die Alb hinaufführt. Des Seppes Weg, die „Alte Steige", beginnt ein Stück weiter hinten im Tal. Er ist kürzer und steiler. Für die Pferdegespanne jener Zeit waren die ausgefahrenen Wege auf den Berg hinauf gewiß eine böse Schinderei.

Aber ist der Seppe wirklich diesen Weg gegangen? Auf die Frage an einen Einheimischen in der Zittelstatt, wie er heute nach Böhringen hinaufwandern würde, gab es eine schlichte Antwort: „I fahr! Ihr Schuaschter, der kennt au henda nuff sei, Henga zua."

Dorthinauf gibt es auch heute noch einen schönen Wanderweg durch die Zittelstatt, trotz der Erddeponie am Talende. Für einen, der nach Böhringen will, ein Umweg. Wem es aber auf ein paar Stunden nicht ankommt, der kann von Urach aus auch den Weg durch das Elsachtal nehmen und auf schmalem Pfad an der Falkensteiner Höhle vorbei auf die Hochfläche wandern.

DER SCHÖNSTE WEG zu Schuster Seppes Zeiten führte aber das Ermstal hinauf nach Seeburg. An stolzen Burgen, hohen Felsen und blauen Seen wäre er vorbeigekommen, an einem Naturwunder. Der Name „Seeburg" erinnert an vergangene Schönheit. Offenbar war der Platz sehr begehrt, denn schon um 770 wird ein „Seeburc in der Münsinger Mark" erwähnt. Damit kann allerdings nicht die Ritterburg gemeint sein, sie gab es erst im 12. Jahrhundert. Eine ältere Burg muß gemeint sein, eine keltische Fliehburg oder ein alamannischer Sitz.

Heute ist Seeburg eine kleine Teilgemeinde der Stadt Bad Urach. Früher war dieses Dorf ein zentraler Ort, dank seiner großen Burg und der Bannmühle im Tal, in der die Bauern aus den Dörfern auf der wasserlosen Alb ihr Korn zu mahlen hatten.

Im Tal der Korana wird das Wasser durch hohe Kalktuffbarrieren gestaut. Die Seen und Wasserfälle von Plitvice in Kroatien lassen ahnen, wie schön der Bodenlose See war.

**Der Kalktuff von See-
burg wurde bis in die
Mitte unseres Jahrhun-
derts hinein abgebaut.**

**Der Bodenlose See lag
im Fischburgtal, rechts
im Bild, links das Seetal,
in der Mitte vorne die
Ermsquelle, dahinter die
Kalktuffbarre mit den
Wasserfällen.**

SEE UND BURG sucht man vergebens, obgleich es
hier einst drei Seen gab: einen im Seetal Richtung
Münsingen, einen aufgestauten Weiher Richtung
Urach und den „Bodenlosen See", den schönsten
und größten von allen. Er zog sich rund zwei Kilometer weit in das felsengesäumte Fischburgtal hinein.
Im letzten Jahrhundert gab es ihn noch. Die Fisch-
burg, nach der das Tal seinen Namen hat, stand an
der engsten Stelle des Tals auf dem Kapuzinerfelsen.
Zwischen diesem Riff aus dem Oberen Weißen Jura
Delta und dem Engefelsen ist gerade Platz für den
Fischbach und die Straße. Von der Burg aus dem
12. Jahrhundert sind nur noch dürftige Mauerreste
und zwei Quergräben erhalten, die den Felskopf
vom Hang trennen. Auch hier lebten Kelten der Hallstattzeit. Dies beweisen Funde, die man am Fuß des
Felsens machte.

WASSER UND KALK. Der Länge nach müßte
eigentlich das Fischburgtal das oberste Ermstal sein.
Es greift mit seinen Nebentälern am weitesten in
den Albkörper hinein. Als Ermsursprung gilt aber
die starke Karstquelle im kürzeren Mühltal. Wasser
geht vor Länge, also wurde aus dem Mühltal das
Ermstal.
Nach der letzten Kaltzeit, die vor etwa 10 000 Jahren
zu Ende ging, wurde es wärmer im Land. Die Erms
begann, wie viele andere kalkreiche Albbäche auch,
Tuff abzusetzen. Sie baute ein 15 bis 20 Meter mächtiges Kalktuffpolster in das Fischburgtal, über das sie
nach allen Seiten abfloß. Der kalkärmere, schwä-
chere Fischbach hatte dagegen keine Chance und
wurde schließlich vom Tuffpolster der Erms abgerie-
gelt. Hinter dieser „Kalktuffbarre" wurde der Bach
und ein Teil des Ermswassers zum See aufgestaut.
So entstand der Bodenlose See. Unmittelbar an der
Barre war der See immerhin acht Meter tief. Boden-
los viel Wasser für Albverhältnisse. Auch das Seetal
wurde durch den Kalktuff der Erms eingeengt. Mit
menschlicher Nachhilfe entstand dort ein zweiter,
kleinerer See.
Wie schön mag es damals in Seeburg gewesen sein.
Felsen und Wälder spiegelten sich im klaren See.
Erms und Fischbach rauschten in Kaskaden über die
Kalktuffpolster zu Tal, vergleichbar nur den Wasser-
fällen und Seen von Plitvice in Kroatien. Von dieser
Schönheit konnte zu jener Zeit kein Mensch leben.
Heutzutage wären die Seen eine Attraktion, und die
Naturschützer hätten alle Hände voll zu tun, ihren
See zu verteidigen.

„NOT KENNT KEIN GEBOT". So mag man argumentiert haben, als man das Ende des Bodenlosen Sees auf Raten beschloß. Die armen Bauern, Steinbrecher und Tagelöhner im kleinen Dorf versprachen sich wohl alle einen Vorteil davon: Die Bauern hofften auf bequemen Fischfang, die Steinbrecher sahen die großen Tuffbrüche vor sich, und die Tagelöhner versprachen sich Arbeit durch die Flößerei, denn an der Erms hatte man begonnen, Scheiterholz aus dem waldreichen Umland in großer Menge zum Neckar zu schaffen. Selbst von der Alb herab brachte man das Holz zu Tal, am Rutschenfelsen gar in einer eisernen Rutsche. Um es zu transportieren, mußte die wasserarme Erms wenigstens zeitweise mit zusätzlichem Wasser versorgt werden. Um diesem Notstand zu begegnen, kam das Wasser des Bodenlosen Sees gerade recht.

Wo einst ein blauer See war, sind nur saure Wiesen geblieben. Im Hintergrund: die Kalktuffbarre mit Seeburg.

Der See wurde „ablässig und fischbar" gemacht. Herzog Johann Friedrich ließ 1618 einen Stollen durch die Kalktuffsperre hauen: 415 Meter lang, zweieinhalb Meter hoch und einen Meter breit. Durch diesen Stollen konnte man den See nach Belieben ablassen, ausfischen und wieder aufstauen.

Bis 1763 war der See fast ständig vorhanden. Danach wurde er nur noch im Frühjahr für die Flößerei gefüllt und abgelassen. Mit dem Schwallwasser erzeugte man eine künstliche Hochwasserwelle, auf der das Holz bis zum Neckar geschwemmt wurde. Als die Flößerei zum Erliegen kam und auch die Fischerei nichts mehr einbrachte, wurde nach 1821 überhaupt nicht mehr aufgestaut. Die fetten Wiesen und fruchtbaren Äcker allerdings, die sich wohl mancher Bauer erhofft hatte, lieferte der feuchte Seegrund nicht. Der Verlust des Bodenlosen Sees war ein hoher Preis für das saure Gras, die paar Bauplätze und die überflüssige Asphaltstraße, auf der man von Hengen nach Seeburg und umgekehrt durchs Tal zischen kann.

An den Felsen hat sich auf der Höhe des alten Wasserspiegels Kalktuff abgesetzt.

AUS UND VORBEI. Hans Schwenkel, der Verfasser des Uracher Heimatbuchs, träumte 1933 wie manch anderer Naturschützer davon, den verlorenen See wiederzugewinnen: „Die Stauung könnte jederzeit wieder aufgenommen werden. In unserer seearmen Alb wäre eine solche Wasserfläche ein Anziehungspunkt ersten Ranges." So leicht ginge das heute nicht mehr. Erst wurden Straßen, dann neue Häuser auf dem alten Seeboden gebaut. Der Bodenlose See hat keine Chance mehr! Oder vielleicht doch?

Im kleinen kann man am Glasbach bei Zwiefalten die Bildung von Kalktuffschwellen sehen. Auch hier sind blaugrüne Algen und Moose beteiligt.

„Landunter" auf der Südalb

KEIN BERG, KEINE MULDE, kaum ein Tal – eine ganz andere Welt empfängt den Seppe hinter Suppingen. Später, auf dem Rückweg von Blaubeuren nach Stuttgart, läßt Mörike den Bauern, auf dessen Wagen der Seppe aufgestiegen ist, Umschau halten: „… auf der Ebene weit und breit kein Baum oder Grube, noch sonst des Orts Gelegenheit …", daß sich ein Mensch verbergen mochte …", so beschreibt der Bauer diese Gegend. So ist die Flächenalb – eine eintönige, weite Ebene von fruchtbaren Feldern bedeckt.

Ein ausgeprägter Gefällsknick markiert den Abstieg von der Kuppenalb im Norden auf die weite Fläche im Süden. Der Gefällsknick beschränkt sich nicht auf den Hang, über den die Bundesstraße 28 von Suppingen nach Blaubeuren führt. Die Geländestufe setzt sich auf beiden Seiten fort. Deutlicher ist sie im Osten; im Westen wird sie von Wald verhüllt.

An nebeligen Herbsttagen kriecht der Nebel, der Oberschwaben und das Donautal verhüllt, bis an die Stufe bei Suppingen heran. Dann gehört nicht mehr viel Fantasie dazu, sich statt des Nebels ein Meer vorzustellen. Vor 18 Millionen Jahren war die Flächenalb tatsächlich vom Weltmeer überflutet, und das Festland begann, im Rücken des Betrachters, mit der Kuppenalb. Im Tertiär rückte das Meer von Süden her auf die Alb vor. Stürme trieben die Wogen und mit ihnen Felsbrocken und Gerölle über den Grund und ebneten ihn ein. Eine breite Strandterrasse entstand und eine hohe Küste, gegen die das Meer anbrandete. Bei Heldenfingen war die Steilküste um die 50 Meter hoch.

DAS HELDENFINGER KLIFF. Die Leute wissen, daß ihr Dorf durch sein Kliff berühmt geworden ist. Es ist auch höchst merkwürdig, mitten auf der trockenen Alb am Strand eines Weltmeers zu stehen. Aber es gibt keinen Zweifel: Bei Heldenfingen bildet Weißjurafels die Steilküste. Noch heute sieht man ein Stück der einst viel breiteren Brandungsschorre und eine tiefe Hohlkehle am Fuß der senkrechten Wand. Dort war die Wirkung der Brandung am

stärksten. Gerölle und Wasser haben den Fels zermürbt und ausgehöhlt. Der Massenkalk weist unzählige Löcher von Bohrschwämmen und vor allem Bohrmuscheln auf, die einst im schäumenden, sauerstoffreichen Wasser lebten.

DIE KLIFFLINIE verbindet alle Stellen auf der Alb, an denen man die alte Steilküste erkennen kann. Sie verläuft ungefähr parallel zur Donau. Streckenweise fällt sie wohl auch mit einer Verwerfung zusammen. Bei Heldenfingen liegt das Kliff heute rund 500 Meter über dem Meer. Bei Tuttlingen sind es fast 900 Meter, um die die Alb seit dem Obermiozän herausgehoben wurde. Sie wurde dabei so gekippt, daß ihre Oberfläche im Ganzen nach Südosten einfällt. Südlich der Donau verschwinden die Schichten des Jura unter den mächtigen Sedimenten im Voralpentrog.

Wer in Heldenfingen auf der Suche nach dem Kliff ist, ist schlecht beraten, wenn er der Kliffstraße folgt, denn sie führt ins Vorland, auf den alten Meeresboden. Da aber in Heldenfingen jedes Schulkind weiß, wo das Kliff liegt, und Küstenbewohner bekanntermaßen weltoffene, hilfsbereite Menschen sind, kann es jeder finden.

Zum Jahrgangsbild versammelt man sich in Heldenfingen vor dem berühmten Riff.

Vor 18 Millionen Jahren brandeten auf der südlichen Alb die Wogen des Weltmeers gegen eine Felsenküste.

43

Im Reich der schönen Lau

HOCH AUF DEM LEITERWAGEN fährt der Schuster Seppe in Mörikes „Hutzelmännlein" mit einem Bäuerlein über die Alb. Vom wundersamen Schnitzbrot redselig geworden, erzählt dieser allerlei „vom Hanf- und Flachsbau auf der Alb; wie sie im Winter gut in ihren strohgedeckten Hütten säßen... Auch wußte er ihm viel zu sagen von Blaubeuren, einem Städtlein und Kloster im Tal, zwischen mächtigen Felsen gelegen... und möge er sich ja den Blautopf auch beschauen, wie alle Fremden tun".
Dabei soll es Leute geben, die den Blautopf sehen und zutiefst enttäuscht sind. Heutzutage muß eben alles größer sein, der Blautopf natürlich blauer und überdies viel einsamer. Wenn aber alle Leute die Einsamkeit am selben Platz suchen, wird dies als störend empfunden.

DIE MÖNCHE, die einst ihr Kloster an den blauen Quelltopf bauten, hatten das Wasser und die Einsamkeit noch fast für sich allein. Da lag das weite Tal der Schelklinger Aach und der Blau noch fern vom Weltgetriebe. Nur die Bauern von der Alb kamen, wenn der Sommer gar zu heiß war, mit Kuhgespannen an den Blautopf, um Wasser in ihre Holzfässer zu schöpfen.
Gärten, Äcker und Wiesen dehnten sich im Tal und auf der Hochfläche. Um den Blautopf und den steilen Hang hinauf bis unter den Blaufelsen weideten Schafe und Ziegen. Den Wald, der heute die Hänge verhüllt, gab es damals noch nicht. Wacholderbüsche und ein paar, Weidbuchen standen auf der Heide. Im hellen Licht lag der Blautopf zu Seppes Zeiten. Jetzt reicht der Wald bis ans Wasser.
Johannes dem Täufer war wohl schon die erste Kapelle am Blautopf geweiht. Auch für das Kloster, das am Ende des 11. Jahrhunderts gegründet wurde, wählte man ihn als Patron. Sicher ist das kein Zufall an dieser geheimnisvollen Quelle, die gewiß nicht erst den Christen heilig war. Berühmt wurde der Chor in der Kirche des späteren Benediktinerklosters durch das Chorgestühl von Jörg Syrlin und den Hochaltar der Ulmer Schule.

BLAU. Im Herbst, wenn es ein paar Wochen nicht geregnet hat und sich die gelben Blätter des Bergahorns im klaren Wasser spiegeln, ist der Topf besonders blau. Selbst bei bedecktem Himmel. Es ist also nicht die Himmelsbläue, die sich im blauen Wasser wiederfindet.
Auch Mörike war vom Blautopf fasziniert. In seiner „Historie von der schönen Lau" versucht er, der Bläue auf den Grund zu gehen: „Dieser Teich ist einwärts wie ein tiefer Trichter, sein Wasser von Farbe ganz blau, sehr herrlich, mit Worten nicht wohl zu beschreiben; wenn man es aber schöpft, sieht es ganz hell in dem Gefäß." Im Kommentar dazu stellt er fest: „Die schöne Bläue... verstärkt sich mit zunehmender Tiefe."
Damit hat er das Phänomen zutreffend beschrieben. Nur wenn das Wasser tief und nicht zu trüb ist, eben so wie der tropische Ozean, erscheint es auch tiefblau.
Die blaue Farbe ist die Folge eines Wechselspiels zwischen Sonnenlicht und Wasser: Der langwellige rote Anteil des Sonnenspektrums wird vom Wasser verschluckt; der kurzwellige Blauanteil wird an kleinsten Teilchen, die selbst im klaren Wasser schweben, gestreut. Auch der blaue Himmel verdankt seine Farbe der Streuung des Sonnenlichts an kleinsten Partikeln, an winzigen Wassertröpfchen oder Eiskristallen. Aus demselben Grund erscheint die Ferne so blau. Mörikes „blaue Mauer" ist der ferne Albtrauf, wie man ihn von den Fildern aus sieht.
Blue Mountains und Blue Hills gibt es überall auf der Welt, vor allem in den warmen Zonen. Dort verstärken ätherische Öle, die in der Hitze des Tages von den Pflanzen aufsteigen, den Effekt noch. Auf dem Mond, wo es keine nennenswerte Atmosphäre gibt, sehen die Astronauten auch keine blauen Berge. Mangels „atmosphärischer Perspektive" haben sie ihre liebe Not, Entfernungen zu schätzen. Unsere von Luft und Wasser umhüllte Erde ist im Gegensatz zu ihrem blaßgelben Trabanten ein blauer Planet.

Im Blautopf wohnt die schöne Lau, die Wasserfrau, blauäugig und schwarzhaarig. Nicht nur Eduard Mörike war fasziniert von dem geheimnisvollen Quelltopf, dessen Quellhöhle kilometerweit in den Berg hineinführt.

Der Maler Karl Stirner hat eine Ausgabe des „Stuttgarter Hutzelmännleins" von Mörike illustriert. Hier die schöne Lau beim Bade im Blautopf.

groß sind, daß sie das Licht der Taucherlampe nicht mehr zu erhellen vermag. Als unergründlich tief erwies sich die Höhle – die Alten hatten recht behalten.

Das Wasser schießt durch den Engpaß mit einer Geschwindigkeit von bis zu 25 Zentimeter pro Sekunde. Eine Geschwindigkeit, gegen die kein Taucher mehr anschwimmen kann. Die ersten Höhlentaucher kamen zu diesem Wert an einer etwas größeren Pforte hinter der Düse, bei einer Quellschüttung von 500 Liter pro Sekunde. 2160 Liter pro Sekunde schüttet der Blautopf im Durchschnitt. Mit welcher Gewalt mag das Wasser aus der Düse schießen, wenn bei einer maximalen Schüttung 33 000 Liter pro Sekunde nachdrängen; dieser Wert wurde am 27. März 1988 gemessen. Wenn dann die launische Lau den Gumpen übergehen läßt, ist er nicht mehr blau, sondern brodelt lehmig trüb.

Als ob er sie selbst gesehen hätte, so beschreibt Mörike die Unterwelt des Blautopfs, das Reich der schönen Lau: die nassen Kammern, Gänge und Säle in der Tiefe und die geheimnisvollen Klüfte, die zum Licht hinaufführen. Jochen Hasenmayer, der Erforscher der Blauhöhle, hat die Wohnung der Wasserfrau durchtaucht. Am Ende eines langen, auf- und absteigenden Höhlenzugs erreichte er schließlich 1240 Meter tief im Berg eine große, tropfsteingeschmückte Halle, die sich über den Wasserspiegel wölbt. „Mörikedom" nannte er sie dem Dichter zu Ehren.

UNERGRÜNDLICH TIEF schien den Alten der Blautopf. Oft genug hatte das Senkblei keinen Grund erreicht, wohl, weil es vom Quellstrudel in der Schwebe gehalten wurde. Mörike indes berichtet, daß der Prälat Weißensee im Jahre 1718 eine Tiefe von 63½ Fuß, das sind 18,5 Meter, auslotete. Der Kammeralverwalter Teichmann kam 1829 auf 71 Fuß, das sind 20,3 Meter. Dies stimmt für die Topfmitte. Doch der Blautopf ist nicht in der Mitte am tiefsten, sondern dort, wo der Hang zur Alb hinauf am steilsten ist. Hier drängt in einer Tiefe von 22,5 Metern ein starker Strom aus einer Öffnung im Fels, die derzeit 80 Zentimeter hoch und 4 Meter breit ist. In den 60er Jahren haben Manfred Keller und seine Göppinger Kameraden diesen Engpaß erstmals durchtaucht. Ihnen gelang auch der erste Vorstoß in einen großen Unterwassergang: 40 Meter lang, 4 Meter breit und genauso hoch. Räume, die so

MÜHSAM UND GEFAHRVOLL ist das Tauchen im Blautopf, aber auch unglaublich schön. Als ich vor Jahren mit Jochen Hasenmayer den Fernsehfilm „Im Reich der schönen Lau" drehte, erlebte ich dies mit. Um acht Uhr morgens begann die Arbeit. Stunden brauchte der Taucher, um das wollene Unterzeug und den Trockentauchanzug anzulegen, das schwere Gerät ins neun Grad kalte Wasser zu tragen, zusammenzubauen und zu überprüfen: Luft für acht Stunden in dicken Stahlflaschen, zwei eigens für diesen Einsatz gebaute 16-mm-Filmkameras, entsprechende Scheinwerfer und ein propeller-

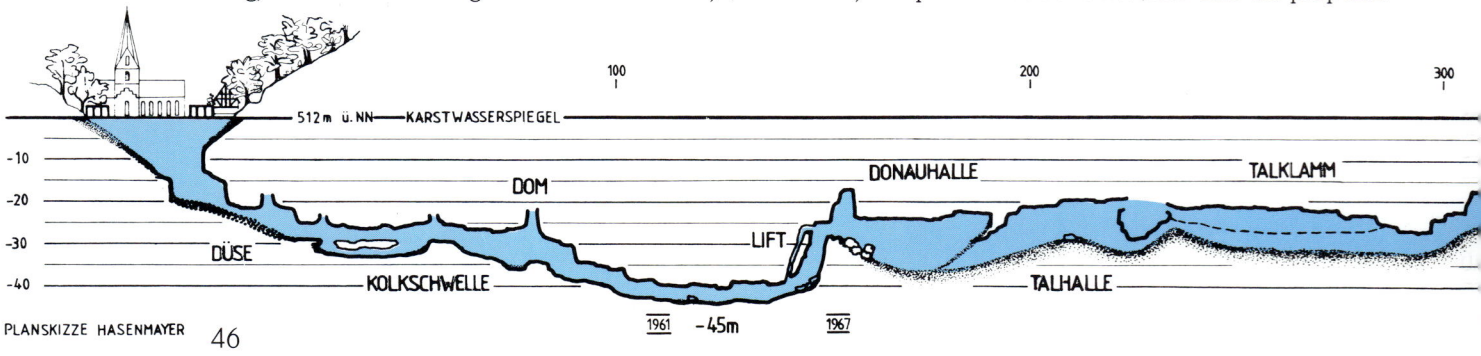

PLANSKIZZE HASENMAYER   46

getriebenes Schubgerät, einen Aquazepp, um besser gegen die Strömung anzukommen und damit Energie, Luft und Zeit zu sparen.

Gegen elf Uhr taucht Jochen Hasenmayer ab. Wie immer allein, schon weil er für keinen zweiten die Verantwortung übernehmen kann. Für den acht Stunden langen Vorstoß, den er plant, reicht die Luft gerade. Um einem Begleiter in der Tiefe der Höhle zu helfen, wäre es zu wenig. Die letzten Luftblasen perlen herauf. Die Verbindung mit der Außenwelt reißt ab. Acht lange Stunden wird es dauern, bis der einsame Taucher zurück ist. Lange Stunden auch für den, der in der warmen Herbstsonne auf ihn wartet. Er kann spazierengehen, Mittag essen und einen Krimi lesen. Den Krimi braucht der Taucher in der Tiefe nicht.

Sein Ziel, eine Halle über dem Wasserspiegel, erreichte Jochen Hasenmayer damals nicht. Sein Höhlenplan war zwar um einen halben Kilometer länger geworden, aber immer noch blieb ein Fragezeichen am offenen Ende. Ein Fragezeichen gibt es immer noch. Inzwischen allerdings hinter dem „Mörikedom", den er zwei Jahre später, 1985, zum ersten Mal erreichte. Mit einem selbstkonstruierten Tauchboot will Jochen Hasenmayer nun noch tiefer in die Alb eindringen. Er rechnet damit, nach etwa fünf Kilometern in einer großen Flußhöhle aufzutauchen.

AUS FÄRBEVERSUCHEN weiß man, daß sich das unterirdische Blautopfsystem weit in die Alb hinein erstreckt. Das Wasser der großen Karstquelle kommt aus einem Gebiet, das mindestens 150 Quadratkilometer umfaßt und im Norden bei Hohenstadt fast an den Albtrauf heranreicht. In einem unterirdischen Flußsystem sammelt sich das Wasser aus den Spalten und Klüften im Gestein. Für das Einzugsgebiet der Falkensteiner Höhle ist ein solches System bekannt. Es entwässert die Erkenbrechtsweiler Berghalbinsel wie eine Drainage. Auch den Hauptgang dieser bisher längsten Höhle der Alb hat Jochen Hasenmayer auf fünf Kilometern Länge erkundet. Die Blauhöhle dürfte länger sein.

Die Idylle ist trügerisch. Selbst erfahrene Taucher kommen im Blautopf an ihre Grenzen. Noch ist das große, gefährliche Abenteuer Blautopf nicht zu Ende.

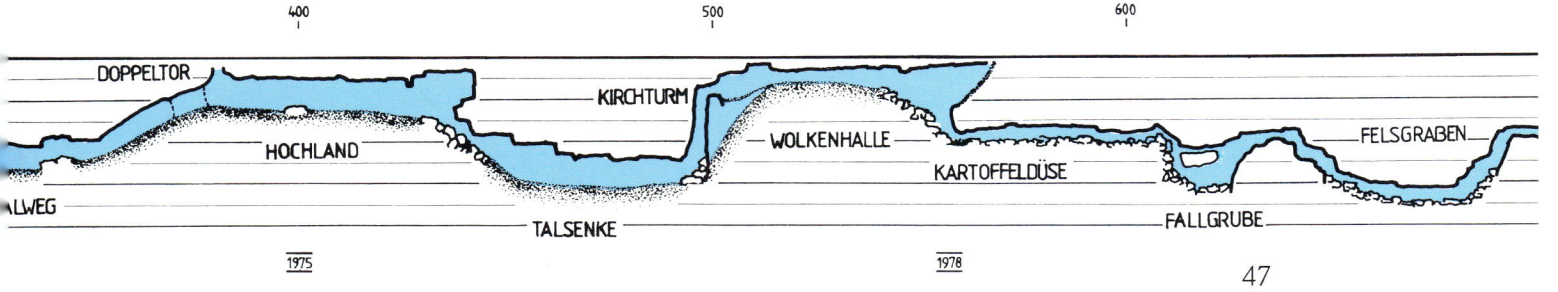

Ein regelmäßiger Gast am Blautopf ist die Wasseramsel. Sie taucht mit den Flügeln rudernd. Zwischen den Wasserpflanzen und am steinigen Grund sucht sie nach kleinen Krebsen und Insektenlarven.

Sie mündet in den Unteren Felsenkalken, dem Weißen Jura Delta, in den Blautopf. Das Wasser kommt aus dem tiefen Karst. Dort sind alle Hohlräume im Gestein mit Wasser erfüllt. Die Durchflußgeschwindigkeit hängt vom Gefälle und von der Weite der Klüfte, Spalten und Höhlenröhren ab. Durchschnittswerte von einem Kilometer pro Tag sind häufig. Gülle, Apfelmost, Dieselöl und was sonst so auf der Alb versickert, können nach einem Gewitterregen und nach der Schneeschmelze schon nach Stunden im Blautopf wieder zum Vorschein kommen. Kein Wunder, daß die Blaubeurener, solange sie ihr Trinkwasser vom Blautopf holten, oft böse Magen- und Darmbeschwerden davontrugen. 1958 stellte Blaubeuren die Wasserversorgung aus dem Blautopf ein. Heute werden die Stadt und weite Gebiete auf der Alb und im nördlichen Vorland bis hin zum Schur-

wald mit Wasser versorgt, das aus Tiefbohrungen kommt, die in den wassererfüllten alten Donaukies im Blautal niedergebracht wurden und ebenso in den von Lehm überdeckten tiefen Karst.

DIE GROSSEN KARSTWASSERAUFBRÜCHE liegen auf der Südseite der Alb. Das in die Kalkschichten des Weißen Jura eingesickerte Wasser folgt im allgemeinen dem Schichtfallen der Albtafel nach Südsüdosten, der Donau zu. Mit zunehmender Eintiefung der Donau wurden die Austrittsstellen des Karstwassers tiefer und tiefer gelegt.

Zu Beginn der Rißeiszeit floß die Donau noch durch das große Blaubeurener Tal; der Talboden lag also 30 bis 40 Meter tiefer als heute. Als die Donau bei Ehingen später einen neuen Weg am Südrand der Alb fand, wurde das Blaubeurener Tal mehr und mehr

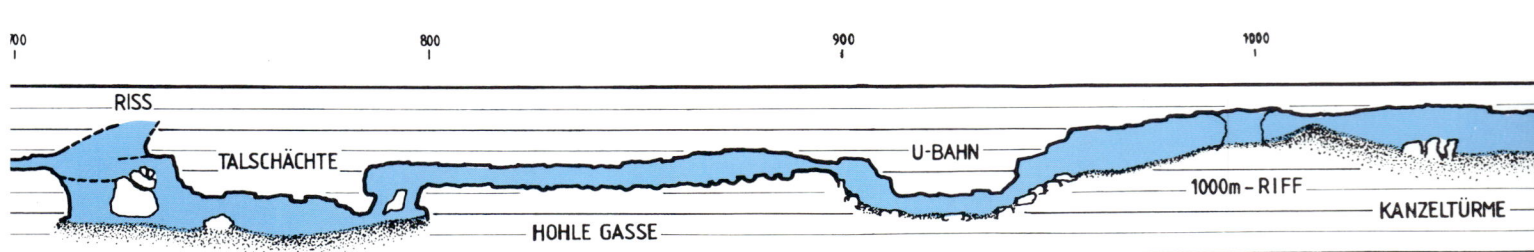

mit Weißjuraschutt aufgefüllt. Nur die stärksten Karstwasseraufbrüche am nördlichen Talrand, wie der Blautopf und der Quelltopf von Urspring, konnten sich freistrudeln.

Weiter südlich, in Oberschwaben, gibt es keine Karstwasseraufbrüche dieser Art. Die verkarstungsfähigen Weißjuraschichten liegen hier zu tief. Sie fallen steiler und steiler nach Südosten ein und werden von weitgehend wasserundurchlässigen Schichten des Oberen Weißen Jura und des Tertiärs überdeckt. Doch auch in den Karstspalten und Höhlen im oberschwäbischen Jura strömt Wasser. Es wandert langsam aber stetig durch die Klüfte, um schließlich im Osten in den Grundwasserkörper der Donau und ihrer Nebenflüsse einzutreten oder weit im Südwesten das Rheinsystem zu erreichen.

Bei Bohrungen, wie sie in der Nachkriegszeit im Alpenvorland vor allem auf der Suche nach Erdöllagerstätten durchgeführt wurden, erreichte man auch diese tiefliegenden Karstwasserhorizonte. Eine Reihe von Thermalquellen wurde erschlossen. In Saulgau kommt eine kräftige Therme aus etwa 500 Meter Tiefe. Sie schüttet 80 Liter pro Sekunde mit einer Temperatur von rund 41 Grad Celsius. Ihr Wasser steht unter hohem Druck und steigt im Bohrloch bis 100 Meter unter die Oberfläche. Auch nach Ansicht von Geologen könnten hier einige hundert Liter Warmwasser mehr gefördert werden.

Die Diskussion über die Nutzung dieser Wasserreserven ist nicht abgeschlossen. Jochen Hasenmayer ist davon überzeugt, daß es auch dort Höhlensysteme wie die Blauhöhle gibt, die aufgrund der größeren Tiefe allerdings mit heißem Wasser erfüllt sind. Er verweist auf die Bohrung Buchau, wo eine offene Unterwasserhöhle von 2,7 Meter Höhe im Oberen Weißen Jura angefahren wurde.

Bei Singen stieß eine Bohrung im Weißen Jura auf eine 40 Meter mächtige Lehmpackung. Dies kann als Hinweis auf eine lehmplombierte Höhle gedeutet werden, oder eben nur als lehmerfüllte Kluft. In Alpennähe wurde in vier Kilometer Tiefe eine

Wassertemperatur von 140 Grad gemessen. Diesen Wasservorrat sollte man nach Hasenmayers Meinung zur Energieversorgung nutzen – und nicht nur als Badewasser. Er geht davon aus, daß die Verkarstung der Alb und die Bildung großer Höhlen sehr viel früher, im Alttertiär, wenn nicht schon in der Kreidezeit einsetzte, also lange bevor sich der Südteil der Alb unter dem Einfluß der beginnenden Alpenbildung abzusenken begann. Ihre Entwässerung müßte sich nach einem Fluß, einem See, oder dem Meer viel weiter südlich gerichtet haben.

Geologen, wie Eckhard Villinger, sind davon nicht überzeugt. Ihrer Ansicht nach war der oberschwäbische Jura schon vor Einsetzen der Höhlenbildung so tief gesunken, daß es zur Ausbildung großer Höhlensysteme rein zeitlich nicht mehr reichte.

Im Grand Canyon wie bei der „blauen Mauer" der Alb bewirkt die Streuung des Sonnenlichtes den Eindruck von „blauer Ferne".

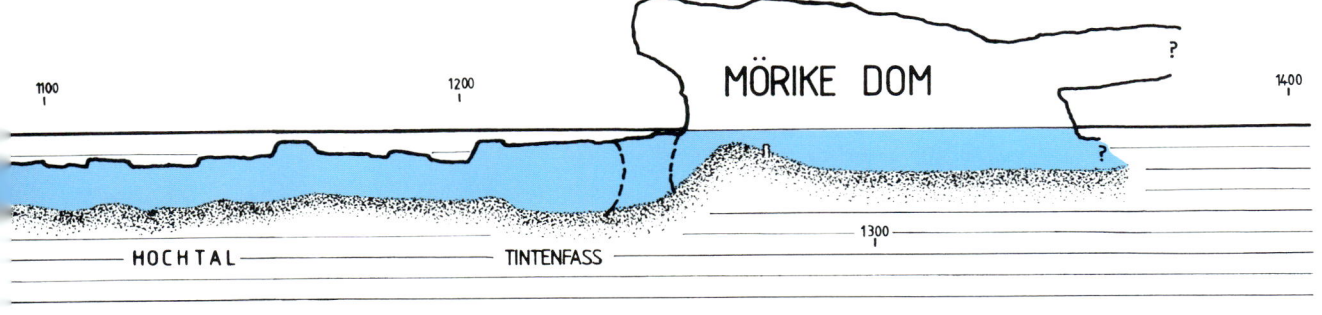

MÖRIKE DOM

1100   1200   ?   1400

1300

HOCHTAL   TINTENFASS

1983   1985   49

An der Baar

KALT KANN'S WERDEN AUF DER BAAR, der Landschaft zwischen Schwarzwald und Alb, der großen, flachen Mulde. Weder historisch noch geographisch oder geologisch läßt sich das Gebiet klar abgrenzen. Das Besondere an der Baar ist das Klima. So sieht es der Donaueschinger Biologe und Naturschützer Günther Reichelt, dabei verzichtet auch er auf eine präzise Grenzziehung. Im Innersten der unter 700 Meter gelegenen „Baarmulde" ist kein Monat im Jahr wirklich frostsicher. Die tiefste in Süddeutschland gemessene Temperatur von minus 33,6 Grad wurde von Donaueschingen gemeldet. Sie liegt nur ein Grad über der niedrigsten Temperatur, die auf der 2964 Meter hohen Zugspitze gemessen wurde. Kein Wunder, in der flachen Mulde fließt die nächtliche Kaltluft von den Höhen ringsum zusammen. Vor allem von den Hängen des Schwarzwalds kommt sie durch die Täler von Brigach und Breg zum Muldengrund bei Donaueschingen und staut sich auf, weil der einzige Abfluß durch die Flußpforte der Donau bei Geisingen zu eng und das Gefälle dahin zu gering ist.

Die Baar liegt im Regenschatten des Schwarzwalds; entsprechend niedrig sind die Niederschlagsmengen. Dennoch sammelt sich dort das Wasser. Das uralte vorkeltische Wort „Baar" heißt wohl soviel wie „Land der Quellen". Tatsächlich kommen die beiden für die Entwicklung der Landschaft Südwestdeutschlands wichtigen Flüsse von der Baar: Donau und Neckar. Der Ursprung des Neckar, dessen Quellwasser im Schwenninger Moos zusammenläuft, läßt sich einigermaßen eingrenzen. Wo die Donau herkommt, ist ein Streitpunkt.

NARREN SPRECHEN RECHT. Frägt man westlich des Feldbergs nach der Donauquelle und der Länge des großen europäischen Stromes, dann fällt die Antwort vor allem zwischen Furtwangen und Donaueschingen höchst unterschiedlich aus. Die Donaueschinger, von den Furtwangern kurz als „Eschinger" apostrophiert, sind sicher, daß die Donau in einer wunderschön gefaßten Quelle im

Park des Fürstenbergischen Schlosses entspringt. Darin sind sie sich mit dem römischen Naturforscher Plinius dem Älteren einig, der angibt, daß die Quelle der Donau neben dem Flußbette liege. Das ist merkwürdig genug, denn üblicherweise liegt die Quelle nicht neben dem Fluß, sondern bildet seinen Ursprung. Im 16. Jahrhundert hat der Kosmograph Sebastian Münster diese Feststellung bei einem Besuch in Donaueschingen sogar noch kartographiert. Auf einer Kartenskizze von 1538 zeichnete er eine Quelle nördlich des Brigachflusses ein und bezeichnete sie als „fons Danubii". Ist nun diese Quelle, 2840 km von der Donaumündung entfernt, tatsächlich der Anfang des großen Stroms? Oder darf man die rund 50 Quellen, die es im Ried gibt, zusammen als „Quellen" der Donau bezeichnen? Gemeinsam liefern sie immerhin die respektable Menge von ein Kubikmeter Wasser pro Sekunde.

Schön wär's natürlich schon für die Donaueschinger, wenn's die Schloßquelle wäre, da aber deren Wasser unterirdisch der Brigach zufällt, kann's die wahre Donauquelle wohl doch nicht sein. Immerhin hieß das Bächlein, das früher vom Wasser dieser Karstquelle gespeist wurde, einmal Donau. Doch das macht die Sache auch nicht einfacher.

Die Quelle der 43 Kilometer langen Brigach, die im Keller des Hirzbauern entspringt, bewirbt sich ebenfalls um den Titel „Donauquelle". Ernster wird der Streitfall an der 48,5 Kilometer langen Breg. Sie entspringt rund 100 Meter von der Wasserscheide zum Rhein entfernt westlich von Furtwangen. Aber auch die Lage der Bregquelle ist nicht unumstritten. Die Quelle, die aus dem Sumpf am Kolmenhof unterhalb der Martinsquelle zusammenläuft, wird mit dem Namen „Donauquelle" geschmückt. Immerhin kann dieser Platz für sich in Anspruch nehmen, die am weitesten von der Mündung entfernte Quelle im Stromsystem der Donau zu sein. 2888 Kilometer trennen sie vom Schwarzen Meer.

Ob alle von diesem Streitfall Betroffenen lachen konnten, als am Fastnachtsmontag 1960 eine Abordnung der Furtwanger Narren „Original-Donauquell-

Im Park des Fürstenbergischen Schlosses in Donaueschingen entspringt, schön gefaßt, eine wundersame Quelle. Ob es die Donauquelle ist, darüber läßt sich trefflich streiten.

**„Brigach und Breg bringen die Donau zuweg",
gleich hinter Donaueschingen. Ohne die
Brücke der Bundesstraße
könnte dies ein schöner
Platz sein.**

**Das „Hohe und Grobgünstige Narrengericht"
zu Stockach entscheidet
den Fall „Donauquelle".**

wasser" in die Donaueschinger Schloßparkquelle schütteten, ist in den Annalen nicht vermerkt. Auch nicht, ob es die Furtwanger lustig fanden, als vier Jahre später, zur selben Zeit ein „Männeken Piss" von den Donaueschingern an der Furtwanger Quelle aufgestellt wurde. Nachdem sich die streitenden Parteien nicht einigen konnten, wurde der Fall 1984 vor das „Hohe und Grobgünstige Narrengericht" zu Stockach gebracht. Die Narren aber, weise wie sie nun einmal sind, entschieden so: „Der Streit um die Donauquelle ist zu schön, als daß er durch ein närrisches Urteil für alle Zeiten beendet werden dürfte."

DIE GEOGRAPHEN sind sich längst einig: Die Donau entspringt nicht, die Donau „kommt zustande" und zwar durch den Zusammenfluß zweier Quellflüsse getreu dem alten Kinderreim: „Brigach und Breg bringen die Donau zuweg." In Donaueschingen gibt es im übrigen nicht nur Wegzeiger zur Donauquelle, sondern auch zum Donauzusammenfluß. Doch kein Denkmal, keine Tafel „Platz der unwiderrufbaren Vereinigung" würdigt das Ereignis. Wer die Stelle findet, wo der große europäische Strom seinen Anfang nimmt, ist enttäuscht. Ein Platz zum Träumen von fernen Städten und Ländern am Strom ist das gewiß nicht mehr. Der Blick in die Ferne ist durch eine Straßenbrücke verstellt. Gegen den dröhnenden Verkehr murmelt der Fluß vergeblich an. Der erste linke Nebenfluß der Donau kommt aus einem Betonrohr mit dem Wasser der Musel, die früher einmal Schmeie hieß. Auch das vermag die Stimmung nicht zu heben.

RHEIN GEGEN DONAU. Lang ist's her, wohl 10 Millionen Jahre, als die Donau noch aus den Schweizer Alpen kam und, hoch über das heutige Bern und Waldshut hinweg, über den südlichen Teil der damals noch niedrigeren Schwäbischen Alb nach Osten floß. Das läßt sich anhand von Geröllen beweisen, die der alte Fluß auf seinem Weg liegen ließ. Der Oberlauf der Alpendonau entsprach ungefähr dem Lauf der heutigen Aare. Sie suchte sich wohl schon vor etwa 700 000 Jahren in der Gegend von Waldshut einen neuen Weg nach Westen. Das hing vor allem mit der Faltung des Schweizer Jura und der Hebung des Schwarzwalds zusammen. Durch den Sundgau floß ihr Wasser der Saône und damit der Rhône zu. Später wurde die „Saône-Aare" in der Gegend von Basel vom Oberrhein angezapft und nach Norden abgelenkt. Der äußerst aggressive Oberrhein mit seinem großen Gefälle eroberte nach und nach den heutigen Hochrhein und schließlich den Alpenrhein dazu. Ein großes Stück ging damit dem Flußgebiet der Urdonau verloren, war doch zuvor der Alpenrhein, wie heute noch Iller und Lech, ein rechter Nebenfluß.

Ein weiteres Stück der alten Donau eroberte der junge Rhein erst in jüngerer Zeit. Bis dahin kam die Donau noch vom Feldberg im Schwarzwald. Diese „Feldbergdonau" wurde ebenfalls vom Rhein, genauer gesagt von seinem Nebenfluß, der Wutach, nicht weit vom heutigen Blumberg angegriffen und abgelenkt.

Neuerdings gibt es gute Hinweise darauf, daß die Ablenkung der Feldbergdonau durch die Wutach erst vor 15 000 bis 20 000 Jahren, also gegen Ende der Wurmeiszeit, erfolgte. Die Waffe im Kampf der Flüsse gegeneinander ist ihr Gefälle. Da ist die Donau im Nachteil und die Wutach im Vorteil: Der Höhenunterschied von der Ablenkungsstelle westlich von Blumberg bis zum Rhein beträgt auf 38 Kilometer rund 360 Meter. Waldshut liegt 313 Meter über dem Meer. Die Donau erreicht diese Meereshöhe erst unterhalb von Straubing, 490 Kilometer von der Ablenkungsstelle entfernt! Entsprechend geringer ist ihre Erosionskraft.

Diese kleine Wutach hat bei der Anzapfung 10 Kubikmeter Wasser pro Sekunde gewonnen. Das ist bei ihrem Gefälle viel. Nicht von ungefähr hat sie seit der Übernahme rund zwei Kubikkilometer Gestein weggetragen und eine bis zu 175 Meter tiefe Schlucht in den Talboden der alten Feldbergdonau gesägt. Nur ein verlorener kleiner Bach, die Aitrach, schlängelt sich noch durch das weite Tal zwischen Blumberg und Geisingen, den alten Unterlauf der Feldbergdonau. Die Aitrach vermag das Tal jedoch nicht freizuhalten. Es versumpft. Jetzt mündet die Aitrach als rechter Nebenfluß in die Donau. Der Fluß allerdings, der heute Donau genannt wird, war zur Zeit der Feldbergdonau ihr linker Nebenfluß, eine „Ur-Breg". Darüber sollte man aber besser nicht reden, weil sonst am Ende die Donau bis zur Mündung umgetauft werden müßte.

DER BLICK VOM „VÜRDERSTEN BERG", als Fürstenberg bekannt, ist fürstlich. Der Fürstenberg liegt am südlichen Rand der Baar, westlich der Straße, die von Donaueschingen nach Blumberg führt. Ein Berg, dem man nicht ansieht, daß er 920 Meter hoch ist. Von seiner Höhe überblickt man die ganze Baar und den Schwarzwald mit dem Feldberg. Bei klarer Sicht leuchten hinter dem Randen die Schweizer Alpen auf.

Auf ihrem Weg zur Geisinger Pforte windet sich die Donau in weiten Wiesenmäandern durch die Baar. Jenseits des Tales erhebt sich der Wartenberg auf 830 Meter. Den Kern dieses flachen Erosionskegels, dessen Sockel im Braunen Jura liegt, bildet dunkles basaltisches Gestein, sogenannter Melilith. In den Mauerresten der ehemaligen Burg auf dem Wartenberg ist er zu sehen. Der Wartenberg gehört zur Alb. Geologisch gesehen ist er auch der nördlichste Hegauvulkan. Im Miozän, vor rund 7 Millionen Jahren, waren die letzten Hegauvulkane noch tätig. Beim Wartenberg ist der Stufenrand des Braunen Jura Delta mit der Fläche darüber zu erkennen und höher aufsteigend die Mauer des Weißen Jura mit dem höchsten Berg der Schwäbischen Alb, dem 1015 Meter hohen Lemberg. Er liegt, wie der Fürstenberg, als Auslieger vor dem Albkörper. Sein Plateau wird von den Wohlgeschichteten Kalken des Weißen Jura Beta gebildet.

DAS SÜDWESTDEUTSCHE SCHICHTSTUFENLAND ist in der Baar auf knappe 25 Kilometer zusammengedrängt. Als Schichtstapel von rund 1000 Meter Mächtigkeit liegt dieses Deckgebirge dem viel älteren Grundgebirge aus Gneisen und Graniten auf, das im südlichen Schwarzwald zutage tritt. Mit drei bis vier Prozent fallen hier die Schichten des Deckgebirges nach Südosten ein und bilden entsprechend ihrer Schichtdicken unterschiedlich hohe Geländestufen aus. Beim Buntsandstein, der

nördlich der Brigach beginnt, fällt dies im Gelände kaum auf. Weiter östlich ist der Anstieg im Hauptmuschelkalk deutlicher zu erkennen. Die Fläche darüber trägt Äcker. Auf die Muschelkalkabdachung folgt der Keuper-Lias-Stufenrand, dem schließlich weiter im Osten die Stufen im Braunen Jura und die des unteren Weißen Jura folgen.

Während der Rißeiszeit, in der sich die Gletscher der Alpen und des Schwarzwalds am weitesten ausdehnten, bedeckte die Eiskappe des Südschwarzwalds auch Teile der Baar. Das kann man aus dem Gletscherschutt, der in Kiesgruben und Baggerseen abgebaut wird, erkennen.

Für Günther Reichelt ist der größte Teil der heutigen Baar ein ehemaliges Zungenbecken eines Baar-Schwarzwald-Gletschers, der aus seiner Endmoräne heraus feinen Kies und Sand gegen die Geisinger Pforte schüttete. Der Rheingletscher reichte mit seiner westlichen Gletscherzunge bis an den Schwarzwaldgletscher heran. Gewaltige Schmelzwassermengen strömten im Sommer ab. Kein Wunder, daß die Täler so weit sind.

DER BERG DER FÜRSTEN. Der Berg und das Dorf an seinem Fuß heißen bis heute Fürstenberg. Die Fürsten von Fürstenberg aber residieren längst in Donaueschingen. Ihre Stammburg ist verschwunden und mit ihr die Stadt. Man ahnt kaum, daß auf dem unscheinbaren Berg einst das „weithin sichtbare Wahrzeichen der Baar, die unvergleichliche Residenz des Landesherrn" stand. Dabei bot der Berg wenig Schutz. Keine Felszinnen, keine Steilabfälle hinderten den Zugang.

Vom Wartenberg geht der Blick über die Donau und die Baar. In weiten Wiesenmäandern nähert sich der Fluß der Alb. Im Hintergrund: Länge und Fürstenberg.

Gleitschirmflieger lieben den Westwind am Fürstenberg.

Am Fuß des „vürdersten Berg" liegt die neue Siedlung Fürstenberg.

Recht bequem führt der Weg über einen flachen Paß, der den Berggipfel mit dem Höhenrücken der „Länge" verbindet, hinauf zu deren „vürderstem Teil", dem Fürstenberg. Von hier aus konnte man, und das war ein Grund hier Burg und Stadt zu bauen, die ganze Baar überblicken. Außerdem war der „vürderste" Berg einfach der einzige Berg in der Baar, der damals zur Verfügung stand, denn der einladendere Wartenberg am linken Ufer der Donau gehörte den Herren von Geisingen.

Den Namen „Fürstenberg" hatten die Herren zunächst vom Berg. Richtige Fürsten wurden sie erst viel später. Wie den Berg und den Namen gab es auch die Burg Fürstenberg schon lange vor den Fürsten gleichen Namens. Wie lange vorher, ist allerdings strittig; Urkunden aus dieser Zeit gibt es keine.

Sicher ist aber, daß dieser herrliche Aussichtsberg schon früh besiedelt wurde. Von Kelten und Römern hat man Spuren gefunden. Keine Spuren fand man hingegen von dem Königshof bei Neudingen am Fuß des Fürstenbergs, der als Verbannungsort von König Karl III. dem Dicken in die Geschichte einging.

Das kleine Neudingen war zu jener Zeit Grafensitz und politisches Zentrum. Von hier aus wurde das fränkische Königsgut in der Baar verwaltet. Die dazugehörige Burg stand wahrscheinlich auf dem Fürstenberg. Der Königshof selbst lag oberhalb des Dorfes, an der Stelle des späteren fürstenbergischen Hausklosters Maria-Hof. Der Name erinnert noch an den früheren Königshof. Heute steht an seiner Stelle die 1853 errichtete Grabkapelle derer von Fürstenberg.

BURG UND WEHRSTADT. Die Gründer der ersten Adelsburg auf dem „vürdersten" Berg sind nicht bekannt. Man darf aber davon ausgehen, daß die Burg von Neudingen aus angelegt wurde. Urkundlich belegt ist ihr Schicksal ab 1175. Seit jener Zeit war sie im Besitz der Herzöge von Zähringen. Umstritten bleibt, wer die Burganlage zur Wehrstadt ausbauen ließ. Vielleicht geschah dies auch bereits unter den Zähringern.

Vieles spricht dafür, daß Heinrich, der erste Graf von Fürstenberg, kurz bevor er 1250 den Berg zu seinem Herrschaftssitz machte, den Ausbau veranlaßte. Als Stadt wird Fürstenberg erstmals 1278 urkundlich erwähnt.

Dem Bauherrn ging es nicht um städtisches Ambiente für seine Residenz. Dafür waren die Zeiten viel zu unsicher. Er brauchte eine feste, uneinnehmbare Burg für seine Auseinandersetzungen mit den Wartenbergern und den Grafen von Sulz um die Vorherrschaft über die Baar.

Die Wehranlage mußte wohl oder übel das gesamte Bergplateau einbeziehen, um einem Angreifer keinen Aufmarschplatz zu lassen. Deshalb wurde das ganze Areal mit Mauer, Graben und Wall umgeben. Der einzige Zugang lag im Osten. Er wurde von zwei Rundtürmen geschützt, so wie dies im Siegel der Stadt zu sehen ist. Um diese große Anlage bewachen und schützen zu können, waren viele Verteidiger nötig.

STADT OHNE MARKT. Ihre Bewohner waren Ritter, Beamte und wehrpflichtige Bauern. Für Handel und Gewerbe war da kein Platz. Publikumsverkehr war nicht im Sinne der Strategen. So hatte Fürstenberg Stadtrecht, ohne Marktrecht zu haben. Es war als Wehrstadt auf Gedeih und Verderb an die Burg gebunden. Ein eigentliches Stadtleben konnte sich nicht entfalten.

Nachdem Stadt und Burg im sogenannten Bauernkrieg 1525 erobert worden waren, verlegten die Grafen von Fürstenberg ihre Residenz ins 15 Kilometer entfernte Donaueschingen. Das Schicksal der Stadt auf dem Berg war damit besiegelt, in kürzester Zeit verlor Fürstenberg an Bedeutung.

Die adligen Familien wanderten im Verlauf des 16. und 17. Jahrhunderts ab. Die gräfliche Burg wurde bereits im Jahr 1620 als „abgegangenes Haus" bezeichnet. Die befestigte Stadt wurde zur „Ackerbürgerstadt".

BERGESEL nannte man die „Ackerbürger". Denn solche Lasttiere gab es unzählige auf dem Berg. Schließlich mußte alles, was man zum Leben benötigte, selbst das Wasser, hinaufgeschafft werden. Der Weg zu den Feldern war weit. Zeit, Arbeitskraft und Geld wurden durch diesen Aufwand vergeudet. Obendrein waren die Bauern verpflichtet, im Kriegsfall Waffendienst zu leisten. Ehre hin oder her, es war nicht sehr attraktiv, Bürger der gräflichen Burgstadt zu sein. Nur durch Zugeständnisse und besondere Privilegien gelang es, Bewohner auf den Berg zu locken und dort zu halten. So steht zum Beispiel im Freiheitsbuch der Stadt: „Es mögen alle Bürger zue Fürstenberg, ihre Söhn und Inwohner alda jagen, hetzen und usserhalb der Lengi schiessen als wildpröth, Vögel; es soll kain Herr die von Fürstenberg versetzen, kain Schatzung, Frohngeld oder Frohnungen auflegen ..."

Die Bürger waren zwar zur Instandhaltung ihrer Stadt und der Wehranlagen verpflichtet, aber ansonsten von jeder Fron befreit. Die Jagd auf Vögel und kleineres Getier war ihnen erlaubt, ihre Söhne und Töchter durften heiraten, „wo ihnen geliebt", niemand durfte daran gehindert werden, in den geistlichen Stand einzutreten, und es durfte auch niemand gezwungen werden, in Fürstenberg zu wohnen. Im Freiheitsbuch waren aber auch die Pflichten der Bewohner niedergeschrieben. Streng kontrolliert wurden die zahlreichen Vorschriften zur Verringerung der Brandgefahr. So war es bei Strafe verboten, mit offenem Licht in den Stall zu gehen oder Feuer einzuheizen und dann das Haus zu verlassen. Jedes Haus mußte immer eine bestimmte Menge an Löschwasser auf Vorrat halten. Doch am Ende waren alle Vorkehrungen vergebens.

DER BRAND. Nie konnte völlig geklärt werden, wie es zur Brandkatastrophe im Juli 1841 kam. Innerhalb weniger Stunden sank das ganze Bergstädtchen in Schutt und Asche. Ein starker Sturm ließ die Flammen rasch um sich greifen. Die Schindel- und Strohdächer waren nach wochenlanger Hitze völlig ausgetrocknet und die Zisternen ohne Wasser. An Löschen war gar nicht zu denken. Opfer waren zum Glück nicht zu beklagen. Die obdachlosen Fürstenberger wurden bis zum Neubau eines Städtchens in den umliegenden Ortschaften untergebracht. Über den neuen Platz wurde heftig debattiert. Einig waren sich die „Bergesel" nur darin, daß sie nicht mehr auf den Berg zurück wollten. Das neue Fürstenberg ent-

stand am Fuß des Berges nahe bei den Feldern und nicht weit vom Wasser. Trotz der Bauschulden stieg der Wohlstand der Fürstenberger Bauern. Man lebte jetzt besser und haderte schon bald nicht mehr mit dem Schicksal.

Von der alten Stadt ist nicht mehr viel zu sehen. Nur ein paar Gräben, Wälle und Hügel lassen auf ehemalige Gebäude und Befestigungsanlagen schließen. Ein einsamer Grabstein auf dem alten Friedhof erinnert an die Menschen, die hier lebten.

DER ERSTE GRAF VON FÜRSTENBERG war der letzte Graf von Urach: 1218 starben die Zähringer, die auch Herren von Fürstenberg waren, aus. Graf Egino V. von Urach, Sohn der Agnes von Zähringen und des Uracher Grafen Egino dem Bärtigen, erbte als Neffe des letzten Zähringerherzogs die Güter im Breisgau, auf dem Schwarzwald und auf der Baar. Unter seinen Söhnen Konrad und Heinrich wurde das Erbe geteilt. Konrad wurde, wie schon sein Vater, Graf von Freiburg; Heinrich erhielt die angestammte Herrschaft Urach und die Besitzungen auf der Baar. Um 1250 verlegte er seinen Wohnsitz auf den Fürstenberg, nannte sich aber auch noch Graf von Urach. 1265 ging schließlich die gesamte Herrschaft Urach an die Württemberger über. Aus dem Graf von Urach wurde der Graf von Fürstenberg und der Stammvater des vornehmen Geschlechts vom „vürdersten Berg". Zu Fürsten vermochte sie ihr Berg allerdings nicht zu machen. Über die Heiligenberger Linie kam 1664 die Reichsfürstenwürde in die Familie, 1762 wurde sie auf das gesamte Haus Fürstenberg ausgedehnt.

Das alte Fürstenberg war Burg und Wehrstadt zugleich.

Im Juli 1841 brannte Fürstenberg ab. Die Stadt wurde nie mehr aufgebaut. Grabstein und Kreuz erinnern und mahnen.

Angriff durch den Keller

Die liebe Donau hat's schwer, wenn man so menschlich von einem Fluß reden darf. Seit Jahrmillionen verliert sie Stück um Stück ihres Territoriums an den angriffslustigen Rhein. Der hat's leicht mit seinem großen Gefälle. Er gräbt der Donau das Wasser ab, wo immer es geht. Und wenn man die Vermenschlichung noch ein Stück weiter treiben will: Im Hegau läßt der Rhein seinen Nebenfluß, die Radolfzeller Aach, gegen die Donau kämpfen und das sogar im Untergrund. Dieser „Angriff durch den Keller" kostet die Donau aufs Jahr gerechnet bei steigender Tendenz die Hälfte ihres Wassers. Auch hier ist die Flußgeschichte der Donau ein Bericht von Angriff und unaufhaltsamen Rückzug. Die Donauversickerung, Fachleute sagen „Versinkung", ist ein besonders dramatisches Kapitel in diesem ungleichen Kampf.

VERSINKUNG. Ein Stück oberhalb Tuttlingens, bei Immendingen und Möhringen, kann man am besten sehen, was gemeint ist. Der Weg zur Donauversinkung ist ausgeschildert. Besonders eindrucksvoll sind die Sickerstellen im Immendinger Bereich. Vom Parkplatz im Wald führen gut bezeichnete Wander- und Radwege zum „Tatort". Nur in nassen Jahren und nach der Schneeschmelze ist dort die Donau zu sehen. Meist ist ihr Bett trocken und nur der blankgescheuerte Kies und das zusammengeschwemmte Holz zeigen, daß hier gelegentlich viel Wasser talab rauscht. Sobald das Flußbett trocken gefallen ist, sieht man die Sickerstellen. Meist umgibt sie ein Kranz von Treibholz, das in den Wirbeln um die Schlucklöcher eingefangen wurde.
Im Sommer erreicht das Wasser die Schlucklöcher noch nicht einmal, sondern versinkt oberhalb dieser Stellen flächenhaft im ganzen Bett. Die Wohlgeschichteten Kalke des Weißen Jura Beta sind dort so klüftig und damit wasserdurchlässig, daß der Fluß, sobald er über diese Kalke fließt, Wasser verliert. Bei geringer Wasserführung kommt er nicht weiter. Jede Schwankung der Wasserführung führt zu Vorstößen und Rückzügen.

So entsteht im Flußbett ein eigenartiger amphibischer Lebensraum, eine Kampfzone, in der das Wasser überraschend kommt und geht. Die Algen, die im Fluß treiben, werden auf den Grund gesogen und trocknen aus, sobald kein Wasser mehr kommt. Wie ein grauer Filz überziehen sie dann die Steine. Sobald das Wasser wiederkommt, treiben sie schon nach wenigen Tagen erneut aus und zeigen Farbe. Kleine Fische tummeln sich im trügerischen Wasser. Nicht alle finden den Rückweg, wenn der Zufluß nachläßt und am Ende auch die Pfützen verschwinden.
Eine Zone härtester Auslese, einer Auslese allerdings, die nicht zur Anpassung an diesen speziellen Lebensraum führt. Dafür ist die Zeit viel zu kurz, denn bald wird es diesen Lebensraum gar nicht mehr geben. Die Verkarstung schreitet zu rasch voran. Die Zahl der Tage, an denen die Donau völlig versinkt, hat merklich zugenommen.
Unterirdisch ist der Kampf des Rheins gegen die Donau längst zugunsten des Rheins entschieden. Auf der Albhochfläche liegt die Wasserscheide jedoch weiter südlich, und bei gefrorenem Boden fließen die Schmelzwasserbäche immer noch der Donau zu.

Der Aachtopf am Südrand der Alb ist eine der stärksten Quellen Deutschlands. Sein Wasser stammt zum großen Teil von der Donau.

Erst vor kurzem versiegte hier der Fluß, dann lag das Bett trocken. Ein dichter Filz abgestorbener Algen bedeckte den trockenen Grund. Jetzt kommt das Wasser und mit ihm das Leben zurück.

Wo die Donau die Kalkbänke des Weißen Jura Beta erreicht, ist sie verloren.

STREIT UMS KOSTBARE NASS. Für die Menschen an der oberen Donau ist das eine äußerst ungünstige Entwicklung. Sie haben sich auf das Wasser des Flusses eingestellt, sie sind darauf angewiesen: die Bauern, die Müller und Gerber und nicht weniger die Fabriken in Tuttlingen. Kein Wunder, daß man immer wieder die Schlucklöcher verstopfte und das Wasser um die Sickerstellen herumleitete. Die Donauanrainer machten die Rechnung allerdings ohne die Wirte an der Radolfzeller Aach: die Müller und Bauern und Fabrikanten im Hegau. Dort gab es immer ein großes Zetermordio, wenn die Wasserführung der Aach nachließ. War man sich doch sicher, daß „die da oben" wieder einmal die Hand im Spiel hatten.

Bewiesen hat den Zusammenhang zwischen Donau und Aach Adolf Knop, als er 1877 das Donauwasser an den Sickerlöchern mit Salz, Fluoreszeïn und Schieferöl markierte: Wasser, das auf 652 Meter Meereshöhe versank, kam nach 60 Stunden knapp 12 Kilometer weiter südlich und 179 Meter tiefer im Aachtopf auf 481 Meter Meereshöhe wieder zum Vorschein. Viele weitere Versuche haben diesen Zusammenhang im einzelnen bestätigt. Bei einem Großversuch im August 1966 wurden zwölf verschiedene Markierungsstoffe in verschiedene Sickerstellen der Donau, aber auch im übrigen Einzugsgebiet der Aach, eingebracht. Seither weiß man über Abfluß und Zufluß genau Bescheid.

Auch der aufmerksame Beobachter erkennt, daß der Aachtopf keine ganz normale Quelle ist. Sein Wasser ist trüb. Die Schwankungen der Wasserführung stimmen auffällig mit denen der Donau überein,

auch wenn sie nicht so ausgeprägt sind. Die Temperaturen im Aachtopf schwanken ebenfalls stark und folgen mit einer gewissen Dämpfung denen der Donau. Das unterscheidet den Aachtopf von den anderen Quelltöpfen der Alb, die ausgeglichener sind, vor allem wenn sie, wie der Egautopf bei Dischingen, aus dem tiefen Karst gespeist werden.

HÖHLE UND QUELLE. Man kann berechnen, daß das Wasser der Aachquelle Jahr für Jahr 3000 Kubikmeter Kalk enthält, den es auf seinem Weg durch das Gebirge gelöst hat. Durch eine Lösung in diesem Umfang entstehen im Laufe der Jahrhunderttausende große Hohlräume. Nicht von ungefähr gehen Geologen davon aus, daß die Donau zumindest streckenweise eine großräumige Flußhöhle gebildet hat. Als Hinweis darauf wertet man, daß bei raschem Anstieg der Donau keine Druckwelle im Aachtopf auftritt, wie das bei einer geschlossenen, völlig wassererfüllten Höhlenröhre der Fall sein müßte.

Ein Fluß, der am Grunde einer gewaltigen, tropfsteingeschmückten, romantisch erleuchteten Höhle ruhig dahinströmt, kleine Boote mit staunenden Menschen auf dunklem Wasser – ein Traum, der immer aufs Neue geträumt wird. Auch ein Kassenhaus kommt darin vor.

Höhlenforscher, allen voran der Höhlentaucher Jochen Hasenmayer, unternahmen immer wieder Vorstöße in die Quellhöhle der Aach, doch die große Flußhöhle konnten sie bisher nicht finden. Dennoch sind solche Unternehmungen sehr aufschlußreich, wenn auch äußerst gefährlich. Das klammartige Höhlensystem ist engräumig, vielfach verzweigt und verwinkelt. Das trübe Wasser erschwert die Orientierung. Hasenmayer entdeckte Höhlenabschnitte, in denen sich Lufträume zwischen Wasser und Fels bildeten. Seine Tauchvorstöße erreichten schließlich, 560 Meter vom Quelltopf entfernt, einen Punkt in 35 Meter Tiefe. „Die Räume wurden dort größer und größer …", schildert Jochen Hasenmayer. „Die Flußhöhle, die große Donauhöhle habe ich noch nicht erreicht …"

Wahrscheinlich liegt dieses weiträumigere System wesentlich tiefer als der Grund des Aachtopfs. Hasenmayer brachte Sinterkalk und Tropfsteinstücke ans Tageslicht, die er in der Aachtopfhöhle 17 Meter unter dem Wasserspiegel entdeckt hatte. Ein Zeichen dafür, daß dieser Abschnitt der Höhle nicht zu allen Zeiten unter Wasser stand.

Die Donau führt im Jahresdurchschnitt 20 Kubikmeter Wasser pro Sekunde. In der Quelle der Aach, die bei Radolfzell in den Bodensee mündet, drängen durchschnittlich 8,53 Kubikmeter Wasser pro Sekunde aus dem Felsengrund im Weißen Jura Zeta. Der größte Teil des Aachwassers kommt von der Donau, aber auch der Zufluß aus dem 240 Quadratkilometer großen Einzugsgebiet ist beträchtlich. Im Minimum, während trockener Zeiten, schüttet der Aachtopf nur 1310 Liter pro Sekunde. Bei Hochwasser steigt die Schüttung auf nahezu 25 Kubikmeter pro Sekunde an.

Nicht umsonst steht eine Tafel am Ufer, die den Aachtopf als stärkste Quelle Deutschlands rühmt. Am Blautopf sieht man's anders. Dort hat man Spitzenwerte gemessen, die über denen des Aachtopfs liegen. Vielleicht kann man sich darauf einigen: Blautopf und Aachquelle sind die beiden größten Quellen Deutschlands.

DER RECHTSFALL. An der Aach verfolgt man die Aktivitäten im Bereich der Donauversickerung immer noch mit größter Aufmerksamkeit. Seit der Streit nicht mehr zwischen dem badischen Hegau und dem württembergischen Tuttlingen ausgetragen wird, haben sich die Wogen geglättet. Im gemeinsamen Land Baden-Württemberg kam es zu einer Regelung, allerdings nicht aus freien Stücken. Der Verwaltungsgerichtshof in Mannheim entschied nach einer Klage der Städte Singen, Radolfzell und einiger kleiner Hegaugemeinden, daß weiterhin Donauwasser an einem Teil der Versickerungsstellen vorbeigeführt werden darf und zwar die Hälfte der durchschnittlichen Wassermenge.

Mehr Wasser darf schon deshalb nicht versickern, weil sich das Land Baden-Württemberg mehrfach gegenüber dem Freistaat Bayern verpflichtet hat, für den Ausgleich der Grundwasserverluste, die bei der Wasserentnahme durch die Landeswasserversorgung im Langenauer Ried entstehen, eine angemessene Menge Donauwasser über die Landesgrenze zu liefern.

Ließe man der Natur ihren Lauf, so käme es über kurz oder lang zu der im Urteil nicht vorgesehenen Revision durch den unaufhaltsamen Fortschritt der Verkarstung. Aus dem Jahr 1874 wurde erstmals eine „Vollversinkung" der Donau vermeldet. Seither hat die Zahl der „Vollversinkungstage" ständig zugenommen. Schon heute würde die Donau zum größten Teil „durch den Keller" dem Rhein zufließen und

der kleine Fluß, der ab Donaueschingen so zielstrebig dem Schwarzen Meer zusteuert, käme über die ersten 30 Kilometer nicht hinaus. Die Donau wäre dann nur noch 2820 Kilometer lang. Ihre Quelle läge nicht mehr im Schwarzwald und auch nicht in der Baar. Die Donau käme dann von der Alb. Die „Bära-Donau" wäre aber auch keine Lösung auf Dauer, denn schon in der Flußschlinge bei Fridingen würde sie auf die Kalke des Weißen Jura Delta geraten und verschwinden. Das darf nicht sein. Ein Durchstich durch den Berg rettet die Donau und sorgt dafür, daß die vertraglich garantierte Wassermenge an Beuron, Sigmaringen und Ulm vorbeifließt und vertragsgemäß Bayern erreicht.

In der Fridinger Flußschleife gerät die Donau erneut auf klüftigen Kalk. Hier sind zwei sich fast senkrecht kreuzende Kluftrichtungen erkennbar und die Verschiebungen entlang dieser tektonischen Störungen.

Hoch über dem Donautal

Unterhalb des Knopfmacherfelsens fließt die Donau nur noch bei Hochwasser. Erst durch den Fridinger Stollen kommt Wasser ins Tal, das um die Versickerungsstellen herumgeführt wurde. In der Ferne liegt Beuron, darüber auf der Albhochfläche Irndorf und die Irndorfer Hardt.

Gehören Gibraltaraffen auf die Alb? Natürlich nicht! Aber schon lange bevor wir Menschen kamen, kletterten sie über die sonnigen Albfelsen. Im Schutt der Gutenberger Höhle fand man ihre Überreste, zusammen mit denen von Höhlenbär, Höhlenlöwe, Wildpferd, Nashorn und Alpenwolf.

DIE FELSENLANDSCHAFT im oberen Donautal sucht ihresgleichen. Der Stiegelefels und der als Aussichtspunkt beliebte Knopfmacherfels erheben sich zwischen Fridingen und Beuron. Der Stiegelefels ist der eindrucksvollere von beiden. Fast alpin mutet die Landschaft um dieses kühn zerklüftete Felsenriff an. Kein Wunder, daß sich dort, entgegen aller Naturschutzverordnungen, Gemsen wohlfühlen. Die munteren Kletterer kamen wohl nicht den langen Weg aus den Alpen. Sie wanderten auch nicht vom Feldberg herüber, sondern stammen aus einer unverdrossen sich vermehrenden Gemsenpopulation, die sich aus sechs Tieren entwickelte, die man 1957 in den Bergen an der Eyach einsetzte. Mancher möchte wohl die Gemsen am liebsten wieder loshaben: Gemsen gehören nicht auf die Alb!

Da hätte wohl auch der Höhlenbär keine Chance mehr, käme er wieder. Doch wer sagt uns, was auf die Alb gehört? Tatsächlich lebten Gemsen, ja sogar Steinböcke hier, als es noch kälter war und Murmeltiere um die Felsen pfiffen, um vor dem Adler zu warnen. Aber an diese alten Geschichten hat der Mensch „einen Knopf gemacht".

KNOPF, das kann im Schwäbischen einiges bedeuten. Ein Knopf ist ganz einfach der Knopf am Hemd, an der Jacke, an der Hose. Ein Knopf ist aber auch ein Knoten, am Schnürsenkel zum Beispiel. Einen Knopf an der Rede wünscht man dem, der sie nicht beenden kann. Ein Rosenknopf ist die Rosenknospe. Wenn man aus dem Knopf ein Knöpfle macht, wird's schmackhaft. Leberknöpfle kennt jeder, aber Geigenknöpfle? Die macht man aus Geigenmehl, was wiederum dasselbe ist wie Mutschelmehl, und Mutscheln sind mürbe Wecken, die, wenn sie altbacken sind, geraspelt, mit Milch, Fett und Eiern zusammen einen Teig ergeben, aus dem man Geigenknöpfle macht. Knopfmacher nannte man aber nicht etwa die Bäcker oder Köche von Geigen- oder Leberknöpfle, sondern die Hersteller von Hosen- und Kleiderknöpfen.

Wie es dazu kam, daß dieser Berufsstand einem Felsen den Namen gab, kann man auf einer Tafel im „Hotel zum Knopfmacherfelsen" lesen: „Am 4. April 1823 stürzte hier der ehrbare Knopfmacher Fidelis Martin ab. Er kam vom Markt in Tuttlingen und war mit seinem Rößlein auf dem Weg von Fridingen nach Beuron. Als er auf der Höhe bei der alten Schanze war, fing es an zu nachten. Nach der Sage begegnete dem Knopfmacher das Hardtfräulein und führte den Mann auf den steilen Felsen hinaus. Da stürzten Mann und Roß hinunter. Erst 14 Tage später fand ihn der Klosterscherer von Beuron tot am Fuße des Felsen." Knopfmacherfels heißt er seither. Es ist ein steiler und unvermittelter Absturz, wo auch am Tag mancher seine Beklemmung überwinden muß, wenn er über das Geländer ins Tal hinabschaut.

EIN LIEBLICHERER BLICK als der vom Knopfmacherfelsen ins obere Donautal läßt sich aber kaum denken. Die schmale Donau fließt gemächlich dem Kloster Beuron zu, schlägt einen Haken und nimmt einen Kanal auf, der links aus einem Stollen im Berg kommt. Er bringt Wasser, das man bei Fridingen von der Donau weggeführt hat, um zu verhindern, daß sie in der großen Fridinger Flußschleife endgültig versickert. Weiden- und Erlenbüsche säumen den Lauf der Donau. Am Ende des langgestreckten Tals, wo der Fluß sich nach Osten wendet, liegt das Benediktinerkloster Beuron. Hoch über dem Donautal, auf der Albhochfläche, Irndorf, das einst Irrendorf hieß, aber nun auf Wunsch seiner Bürger neu buchstabiert werden muß.

Grüne Wiesenfluren und Felder liegen im Talgrund. Die einspurige Eisenbahnlinie am linken Hang fällt erst auf, wenn ein Triebwagen hupt. Die vorgeschobene Nase des Knopfmacherfelsens überragt das Tal der Donau. Nur den Fluß gibt es meistens nicht. Im Sommer erinnern nur ein paar Tümpel und Rinnsale an ihn. Was nicht durch den Berg umgeleitet wurde, ist unterwegs versickert. Oberhalb des Jägerhauses steigen fast symmetrisch zwei Felsen über den älteren Massenkalken bis zum Weißjura Zeta 1 auf.

Gegenüber dem Knopfmacherfelsen liegen zwei Felsenriffe, dahinter eine ausgeräumte Mergelschüssel. Auf dem rechten Riff erhebt sich Schloß Bronnen.

Der höhere der beiden Felsklötze erreicht 788 Meter. Er trägt das malerische Schloß Bronnen, das nach wie vor im Besitz der Enzberger ist, die ein Stück donauaufwärts in Mühlheim residieren. Von 1698 bis 1729 betrieben die Herren von Enzberg unterhalb von Schloß Bronnen eine Eisenhütte, in der Bohnerz von der Alb mit Holzkohle aus den Buchenwäldern ringsum geschmolzen wurde. Wie Funde aus der Jägerhaushöhle belegen, haben bereits die Kelten der La-Tène-Zeit vor 2000 Jahren Eisen gewonnen. In der Umgebung des Jägerhauses findet man noch Schlacken, die daran erinnern, daß hier Eisen verhüttet wurde. Zu einer eigenständigen Schwerindustrie hat es aber hier, ein Glück für die Landschaft, nie gereicht.

DIE SCHÜSSEL. Hinter Bronnen öffnet sich ein weites Rund. Eine alte, verlassene Donauschleife? Denkbar wäre es. Doch es handelt sich um eine ausgeräumte „Mergelschüssel". Im Jurameer wurde zwischen den Riffen eine Mischung aus Ton und Kalk abgelagert, die sich später zu Mergel verfestigte. Die Reste dieser „Zementmergel" aus dem Weißen Jura Zeta 2 findet man in der Mulde. Nachdem die Donau die Schüssel seitlich

angeschnitten hatte, wurden die Mergel rasch ausgeräumt. Der harte Rand blieb bis auf die Lücke über dem Jägerhaus stehen.

BOTANIK AUS DER HÖHLE. Auf dem Weg vom Jägerhaus hinauf zum Schloß Bronnen kommt man an einer Felsnische vorbei, die „Jägerhaushöhle" genannt wird. Den Tübinger Ausgräbern um Wolfgang Taute lieferte die Höhenfüllung reiche Funde, vor allem aus der Mittelsteinzeit. „Kulturschichten" wechseln mit Zwischenschichten ab, die keine Hinweise auf Menschen enthalten. Offenbar gab es Zeiten, in denen die eiszeitlichen Jäger die Höhle regelmäßig aufsuchten, und solche, in denen sie nicht beachtet wurde. Über die Menschen, die damals hier lebten, und die Tiere, denen sie nachstellten, weiß man viel, gibt es doch eindeutige Spuren. Weit weniger deutlich sind die Hinweise auf die Pflanzenwelt von damals. Pflanzliche Reste, selbst hartes Holz, vergehen in unserem wechselhaften Klima bald. Was nicht gefressen wird, vermodert.

POLLEN. Erstaunlicherweise trotzt der Blütenstaub dem Zerfall am besten. Die Haut der Pollen besteht aus besonders widerstandsfähigen organi-

schen Stoffen. Selbst starke Säuren können der Pollenhaut nichts anhaben. Der durch Kalksinter verbackene Höhlenschutt kann mit Salzsäure aufgelöst werden; die Pollen bleiben übrig.

Pollen verschiedener Pflanzen lassen sich unter dem Mikroskop unterscheiden. Trägt man nun den Pollenbestand jeder Schicht der Höhlenfüllung, nach Arten getrennt, in eine Grafik ein, so ergibt sich ein aufschlußreiches „Pollendiagramm". Dieses Diagramm spiegelt die Entwicklung der Albflora über Jahrtausende hinweg wider. Dies gilt ganz besonders für den Baumbestand. Die meisten Waldbäume sind windblütig. Ihre leichten Pollen werden vom Wind weit verweht und gelangen so auch in die Höhlen.

In der untersten Lage der Höhlenfüllung, Schicht 1 genannt, gehörte nur ein geringer Anteil der gefundenen Pollen zu den Baumpollen. Gerade 4,9 Prozent stammen von einer Kiefer, wahrscheinlich der Bergkiefer, die damals an den Hängen des Donautals Fuß zu fassen begann. Außerdem gibt es noch 0,7 Prozent Birkenpollen, die von niedrigen, kriechenden Birkenarten stammen, wie sie heute noch in der Tundra Lapplands zu finden sind. Den überwiegenden Anteil der Pollen in Schicht 1 lieferten Gräser und Kräuter; die Alb war damals, unmittelbar nach der letzten Kaltzeit, weitgehend waldfrei. Die Schichten 1 – 3 entsprechen der Älteren Dryaszeit, die nach der Silberwurz „Dryas octopetala" so genannt wird. Diese alpine Pflanze mit ihren auffällig gekerbten Blättern ist ein sicheres Indiz für kälteres Klima.

In der darauffolgenden, wärmeren Allerödzeit, die etwa 10 000 v. Chr. begann und bis 8800 v. Chr. dauerte, gab es offenbar schon einen geschlossenen Kiefernwald. Danach wurde es erneut kühler. In der Zeit von 8800 bis 8200 v. Chr. geht der Anteil der Baumpollen wieder zurück.

Später kommen zur Kiefer die Hasel, dann Linde und Esche. Erstaunlicherweise tritt die Hasel einen wahren Siegeszug an. In der warmen Borealzeit, auch Haselzeit genannt, erreicht ihr Anteil am Wald um die 60 Prozent. Die Kiefer fällt unter fünf Prozent.

Um 5500 v. Chr., im sogenannten Atlantikum, setzt die stärkste Erwärmung der Nacheiszeit ein. Der Eichenmischwald erreicht 20 Prozent und überflügelt damit die Hasel. Auch das läßt sich den Pollenverhältnissen in der Füllung der Jägerhaushöhle entnehmen.

In riesigen Mengen gingen die Pollen von Windblütlern auf den Bodensee nieder. Am Ufer bilden sie dicke, gelbe Streifen.

63

UNTER DER BURG. Inzwischen kennt man auch von anderen nicht allzuweit entfernten Plätzen entsprechende Funde, vom Zigeunerfelsen bei Unterschmeien und seit den 70er Jahren aus der Burghöhle von Dietfurt. Die Ruine Dietfurt liegt zwischen Inzigkofen und Gutenstein auf einem freistehenden Massenkalkklotz im Tal. Die Burg wurde schon im 11. Jahrhundert gegründet. Auch ihr Name reicht weit zurück: Er läßt sich aus dem althochdeutschen Wort „diota", das Volk, herleiten. So meint Dietfurt nichts anderes als „Volksfurt" oder ganz einfach einen Weg durch den Fluß, den die Leute häufig benutzen.

Die Höhle unter der Burg zieht sich wie ein Tunnel durch den Fels. Sie ist seit alters her bekannt. Schatzgräber suchten dort nach einem sagenhaften goldenen Kegelspiel. Erfolg hatten sie keinen. Sie bemerkten die Kulturschichten in dieser Höhle nicht. Das blieb Leuten der Sigmaringer Bergwacht vorbehalten, die die Höhle später inspizierten. Von 1971 bis 1973 untersuchte Wolfgang Taute auch den Inhalt der Dietfurter Burghöhle. 16 Schichten deckte er auf, die von der Jüngeren Altsteinzeit, dem Magdalénien, das hier mit 11 000 Jahren v. Chr. datiert werden konnte, über die frühe Mittelsteinzeit, hier von 8000 bis 4000 v. Chr., die Jungsteinzeit von 4000 bis 2000 v. Chr., die Mittlere Bronzezeit und die Urnenfelderzeit um 1500 v. Chr., in die Hallstattzeit und La-Tène-Zeit ins erste vorchristliche Jahrhundert reichten. Darüber lagen Reste aus der römischen Kaiserzeit und schließlich Dachziegel und Tonscherben aus dem Mittelalter. Damit geht die elftausendjährige Geschichte, die aus der Höhlenfüllung erschlossen werden kann, ohne Lücke in die geschriebene Geschichte der Burg über.

HÖHLENHEILIGTUM. In der La-Tène-Zeit wurde offenbar der ganze Höhlenboden mit einem Estrich überzogen, auf dem ein Feuerplatz mit exakt gezirkelten Kreisen markiert ist. Alles spricht dafür, daß die Höhle zu jener Zeit ein Heiligtum war. Viel später, nachdem 1924 „Neutempler" die Burg erworben hatten, wurde die Höhle wieder zum Sakralraum ausgebaut. Im Jahr 1933 beendete ein staatliches Verbot das Wirken der Sekte.

IM HOCHSOMMER. Am Wasser unter dem Knopfmacherfelsen stehen Zelte. Wer genauer hinschaut, entdeckt, daß da zwei Gruppen lagern, die zwar derselben „Kulturschicht" angehören, aber

Eine Höhle durchzieht den Felsen unter der Ruine Dietfurt. Die ältesten Reste, die man dort fand, sind 11 000 Jahre alt, die jüngsten stammen aus dem Mittelalter.

Unter den „Krautpollen" spielt das Niedrige Habichtskraut, eine Felsenpflanze des Donautals, eine große Rolle. Es dürfte vor allem während der waldarmen Zeiten in Massen an den Hängen ringsum geblüht haben. Auch Ampferpollen sind verhältnismäßig häufig. Vielleicht sagte diesen Pflanzen das gutgedüngte Umfeld der Höhle besonders zu. Man kann sich aber auch vorstellen, daß Ampfer als Gemüse gegessen wurde. Auffällig ist, daß viele Sporen größerer Farne gefunden wurden. Der Tübinger Botaniker Paul Filzer, dem die pollenanalytische Bearbeitung der Jägerhaushöhle zu verdanken ist, meint dazu: „... Sporen größerer Farne lassen ahnen, daß die Mesolithiker der Jägerhaushöhle ihre müden Glieder auf einer Schütte von hochwüchsigen Farnen ausstreckten."

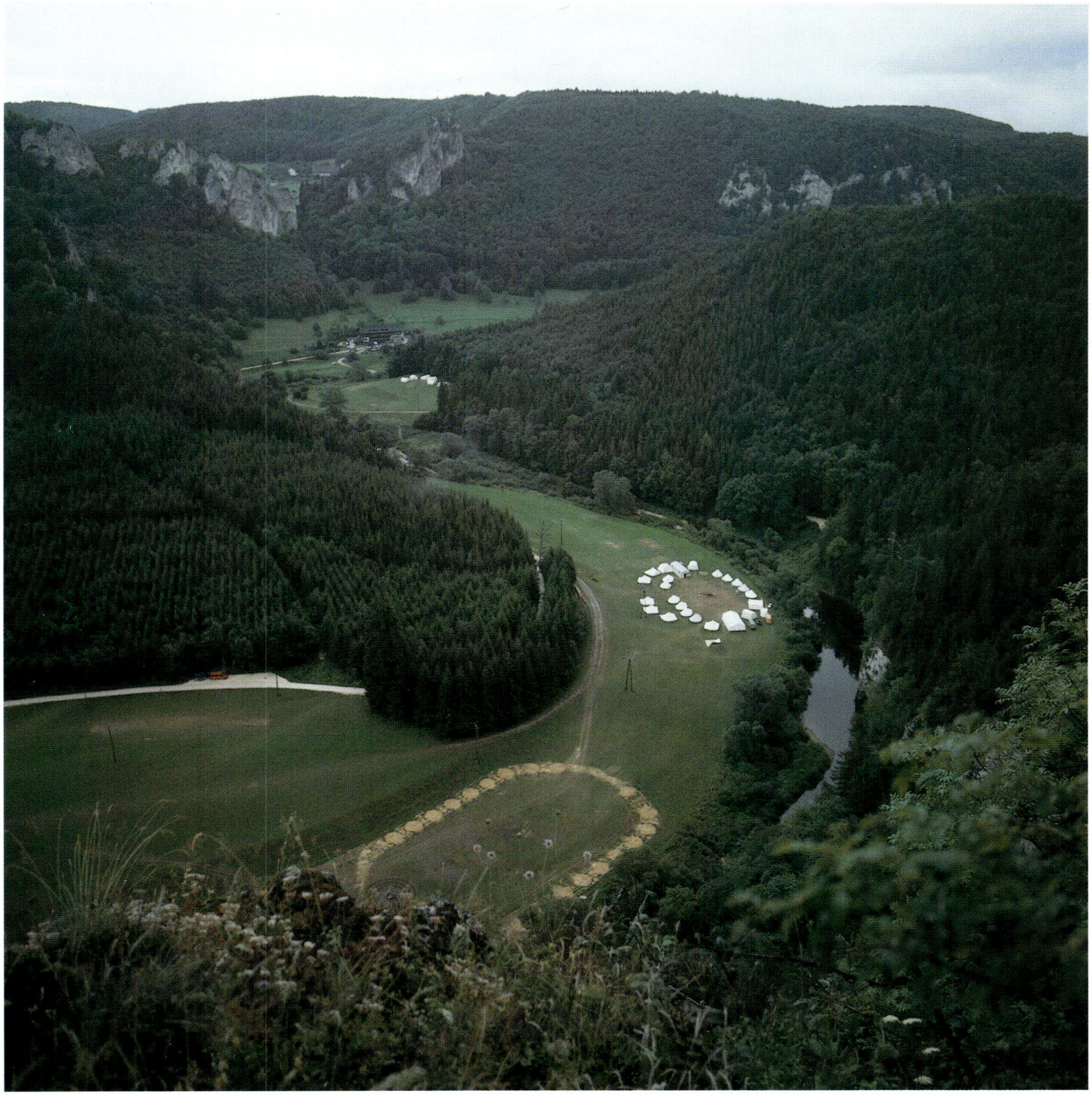

Im Sommer zieht es viele ins Zeltlager zwischen Knopfmacherfels und Schloß Bronnen.

Die Freiheit zu wandern, mit dem Rad durchs Tal zu fahren, an den Felsen zu klettern oder mit dem Kanu zu paddeln, stößt an eine Grenze, wenn unsere Freizeitansprüche die Natur zu gefährden beginnen.

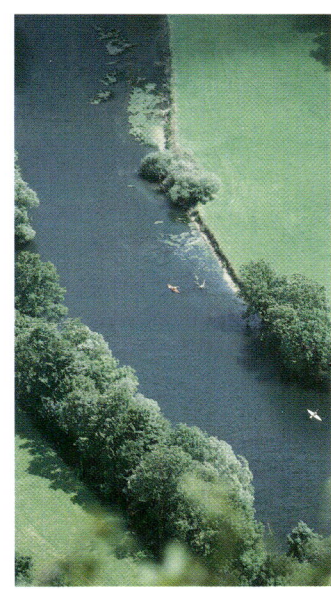

beträchtliche Unterschiede aufweisen. In einem Lager macht man ernst mit dem Umweltschutz, dort sieht man keine Spur von Müll. Nirgends treiben Papierfetzen im Wind. Im anderen Lager scheint ein anderes Lebensgefühl zu herrschen: ex und hopp! Was denkt sich wohl ein Prähistoriker in einer sehr fernen Zukunft, der weder auf Gedrucktes noch sonstwie Gespeichertes zurückgreifen kann und nur aus Bodenfunden ein Bild unserer Zeit entwerfen soll? Glas ist unzerstörbar wie Pollen. Er findet die runden Hohlbehälter aus einem standardisierten Silikat und Spuren von Hopfen und Gerste darin. Einmachgläser für bitteres Müsli oder ein kultisches Getränk? Die „Ex-und-hopp-Leute" verewigen sich, die Reinlichen verschwinden spurlos. Ob diese Regel auch für Steinzeitmenschen gilt?

FARBIGE KANUS liegen in den Tümpeln, die von der Donau blieben, vor Anker. Schön sind die kleinen Boote, solange es nicht zu viele sind, denn die wasserarme Donau und ihre Ränder sind sehr empfindlich, und im schmalen Uferstreifen leben viele schützenswerte Tiere und Pflanzen. Sie brauchen unseren Schutz. Das kann auch für Kanufahrer Verzicht bedeuten.

Auf dem Felsen sind die Besucher ebenfalls in Schranken verwiesen. Hinter dem Geländer, draußen auf dem Felskopf, hat sich die ursprüngliche Pflanzenwelt, die Steppenheide Robert Gradmanns, in vielen Formen erhalten: Graslilie und Fetthenne, Skabiose und Ziest blühen bis in den Hochsommer hinein. Blaugras und Felsennelke sind dann schon verblüht.

Am Schwäbischen Canyon

DIE WACHOLDERHEIDE. Das Albvereinswanderheim „Rauher Stein" erreicht man als Wanderer von Beuron herauf, mit dem Auto über Irndorf. Der Rauhe Stein und der Eichfels sind zwei Aussichtspunkte hoch über dem tief eingeschnittenen oberen Donautal, einem schwäbischen Canyon. Zum Eichfels führt der Weg durch das Naturschutzgebiet „Irndorfer Hardt". Eine Wacholderheide, die den Naturschützern und insbesondere dem Schwäbischen Albverein ans Herz gewachsen ist. Heutzutage hat man allerdings mit den Wacholderheiden, einem Wahrzeichen der Alb, seine liebe Not.

Die alten Schafweiden „verbuschen" und „verwalden", wie die Fachleute sagen. Das hängt ganz einfach damit zusammen, daß die Wacholderheide keine natürliche Pflanzengesellschaft ist, sondern sich dort als Kulturlandschaft entwickelte, wo eigentlich ein lichter Buchenwald stehen müßte. So gesehen sind Schafweiden Grünland, das der Mensch vor Jahrhunderten dem Wald abgerungen hat. Die Bauern und Hirten führten aber nicht nur Schafe über die Weide, sondern auch Ziegen, Schweine, Rinder und Pferde. Alle Übergänge vom mageren Grasland, auf dem nur Wacholder und einzelne Bäume stehen blieben, bis zur Heide im lichten Hutewald kamen vor. Einmal im Jahr versuchten die Bauern, auch ein wenig Gras von der Weide zu holen. Hin und wieder wurde die dünne Bodenkrume unter den Pflug genommen.

ANS HERZ GEWACHSEN. Seit 1900 – so Hans Mattern in einer Erhebung für die Ostalb – gingen fast 50 Prozent der alten Weideflächen verloren. Während 1860 noch 600 000 Schafe im Königreich Württemberg gezählt wurden, waren es 1987 in ganz Baden-Württemberg gerade noch 200 000. Davon weideten immerhin 100 000 auf der Alb. Die Hälfte der verlorenen Weidefläche ist, um im Fachjargon zu bleiben, „spontan verbuscht", 26 Prozent wurden aufgeforstet, 17 Prozent intensiver bewirtschaftet, der Rest sonstwie verbraucht. Heute fehlen Schafe und Schäfer, aber die Schafweide gehört zum liebgewordenen Bild unserer Alb. Also gehen die Engagierten, gewissermaßen als Stellvertreter des lieben Viehs, mit der Rebschere durch die Natur oder, wenn die „Verbuschung" schon zu sehr um sich gegriffen hat, mit Mähmaschinen und Sägen. Fragen wie: „Was treiben Sie denn da?" oder: „Hat der Wald nicht schon genug zu leiden?" muß sich der Naturschützer schon gefallen lassen. Wenn seine Antwort lautet: „Ich will die schöne Heide erhalten!", wird er zwar nach dem Schicksal des deutschen Waldes nicht weiter befragt, aber es ist klar: Auch er schützt am liebsten, was ihm besonders ans Herz gewachsen ist – das vertraute Bild der Heimat, seine Alb. Damit meint der Naturschützer natürlich auch die größere Mannigfaltigkeit im Landschaftsbild und die Artenvielfalt. Dagegen ist nichts einzuwenden, und überdies befindet er sich damit in bester Gesellschaft, denn Robert Gradmann, Altvater der Albbotanik, zählte in seinem „Pflanzenleben der Schwäbischen Alb" die Wacholderheiden, und das sind eben die Schafweiden, zu den „unveräußerlichen Bestandteilen der Alblandschaft".

SCHAFE AUF DER WEIDE. Seit dem 15. Jahrhundert gibt es auf der Schwäbischen Alb Wanderschäfer, die ihre Herden in der warmen Jahreszeit über die mageren Rasen und abgeernteten Felder führen und nur im Winter an den Bodensee und die Pfalz ausweichen. Wacholderbüsche gehören zu den besonders mageren, trockenen, kurzwüchsigen Grasfluren auf kalkreichem Grund. Hier wählen die Weidetiere, vor allem das Schaf, aus, ebenso der Schäfer mit seiner Schippe. Sie bestimmen, was auf der Heide wächst. Das Schaf läßt den stacheligen Wacholder, Schlehen und Disteln und die übelschmeckende Zypressenwolfsmilch stehen. Mit der Silberdistel hatten die Schäfer ein Einsehen, vielleicht, weil sie so schön und ihr Blütenboden eßbar ist, oder einfach, weil es zu mühsam war, die lange Pfahlwurzel auszustechen. Inzwischen ist die silbergraue Distel fast in den Rang einer Landesblume aufgestiegen.

Vom Eichfels aus hat man einen umfassenden Blick in das Durchbruchstal der Donau. 200 Meter tief hat sie sich in die Alb eingeschnitten. Felsenriffe säumen das Tal. Oft werden sie durch die Glaukonitbank in zwei „Stockwerke" geteilt. In der Ferne: Schloß Werenwag.

Der Schäfer mit seiner Herde ist von der Alb nicht wegzudenken. Doch die Weideflächen sind klein geworden.

Gegenüber dem Eichfels, auf der Südseite des Donautals, liegt Burg Wildenstein.

Der berühmteste Werenwager ist zweifellos Hugo I., der um 1280 in seinem Maienlied die Schönheit seiner Heimat besingt:

Froeidenreicher, suesser meie
du solt willekomen sîn!
Schoene bloumen maniger leie
bringet uns din lither schîn.
Ja, hastu di werlt vil gar geschoent.
Fri gefroenet vogellîn.

Eine Chance auf der Weide haben auch Pflanzen wie die Küchenschelle, die früh im Jahr blühen, bevor die Schafe kommen, und sich rasch entwickeln. Auch die Herbstblüher, zu denen der Deutsche Enzian gehört, nutzen die schaflose Zeit. Die Schafweiden sind zwar nicht besonders artenreich, aber für eine Reihe besonders schöner Pflanzen sind sie die letzte Zuflucht, so für das Katzenpfötchen, das an versauerten Stellen steht, für die Kugelblume auf kargem, steinigem Grund und die Fliegenragwurz. Auch gefährdete Tierarten halten sich auf der Schafweide: Heidelerche und Würger, die Rotflügelige Schnarrheuschrecke und der Wolfsmilchschwärmer.

IM TAL DER ALTEN DONAU. Vom Wanderheim aus folgt man dem Rundwanderweg 4. An der grünen Bank geht es links aufwärts zum Eichfels und weiter zum Schloß Werenwag. Wer klingende Wegenamen liebt, dem sei verraten, daß er sich auf dem Hauptwanderweg 2, dem Schwäbischen Albsüdrandweg, bewegt und zwar gegen die Spitze des roten Dreiecks.

Die Getreidefelder links des Wegs liegen im sanften Gleithang eines alten Donaulaufs. Auf einem frisch gepflügten Feld fallen zahllose Steine auf: Gerölle. Wenn sie der Regen ein wenig abgewachsen hat, erkennt man Unterschiede. Zwischen kaum gerundetem Weißjuraschotter liegen stark abgerollte, gelbweiße Kiesel, rotbraune Buntsandsteine und hin und wieder Granite. Sie brachte der Fluß mit sich, der dieses breite, flache Tal einst schuf. Dieser Fluß kam von weiter her als die kleine Donau von heute, mindestens vom Feldberg im Schwarzwald.

FELSEN UND BURGEN. Schaut man sich vom Eichfels aus um, fügen sich die Teile zum Ganzen: die großen Talschlingen, die Flußterrassen auf halber Höhe und die flachen Täler der Hochfläche. Alles deutet auf eine größere Donau hin, die sich im Laufe von Jahrmillionen in die Albtafel einschnitt, im gleichen Maß, wie das junge Mittelgebirge herausgehoben wurde. Im späten Tertiär, vor rund fünf Millionen Jahren, begann diese Entwicklung. Auf der schiefen Ebene der Alb wich die Donau zunächst ein Stück nach Süden aus, dann begann sie sich einzuschneiden.

Die hohen Felsen des Weißen Jura Delta beherrschen den Rundblick vom Eichfels. Wer genauer hinschaut, entdeckt, daß manche Felsen zwei Stockwerke bilden, die durch ein grünes Gras- und Buschband voneinander getrennt sind. Dieses Band entspricht der weicheren, wasserstauenden Glaukonitbank, die den Weißen Jura Delta 3 von Delta 4 trennt. Der Bandfelsen, durch den sich die Glaukonitbank wie eine Welle hindurchzieht, hat seinen Namen von dieser Schicht. Die Donau hat die Weißjurariffe angeschnitten, die einst im warmen Meer von Schwämmen, Kalkalgen, Schalenresten und Korallen aufgebaut wurden. Während der Eiszeit wurden sie als Härtlinge freipräpariert. Als jähe Abstürze erscheinen sie uns von oben, als himmelhohe Wände und Zinnen vom Tal aus.

Burg Wildenstein liegt auf der anderen Seite des Tales. Weiß leuchten ihre Wände herüber. Zu weiß mag die frisch verputzte Festung manchem erscheinen, aber so sah die bastionierte Burg im Mittelalter wirklich aus. Wild und kühn erhebt sie sich über das

68

Der Stich aus dem Jahr 1820 zeigt Wildenstein romantisch überhöht. Daß alle Berge, nicht nur der Burgberg, kahl sind, ist kein Zufall. Im Donautal brauchte man Holz, nicht zuletzt als Holzkohle für die Eisenverhüttung.

Tal. Fels und Burg sind wie aus einem Stück. Geduckt und behäbig erscheint sie dagegen dem, der sich ihr von Süden her über die Hochfläche nähert: ganz Trutzburg, ohne zierliche, verletztliche Türme, ohne Schnörkel, ohne neugotischen Firlefanz. Ursprünglich eine Burg, die von einer der kleineren Felsenburgen, wahrscheinlich von Altwildenstein aus, im 13. Jahrhundert gegründet wurde. Herr Gottfried Werner von Zimmern ließ die Burg von 1520 bis 1550 zur Festung in ihrer heutigen Gestalt umbauen.

Ein Stück talabwärts, nicht weniger eindrucksvoll: Werenwag, ein Schloß der Fürstenberger. Der mächtige Felsklotz, auf dem er steht, reicht vom Weißen Jura Delta 1 bis hinauf zu Delta 4. Seit dem 12. Jahrhundert wird hier gebaut. Das Schloß ist samt der Vorburg erhalten. So mag man sich einen mittelalterlichen Adelssitz vorstellen: nicht nur wehrhaft, sondern auch elegant.

DER CANYON. Ein merkwürdiges Tal ist das Durchbruchstal der Donau schon, mit seinen steilen, mitunter fast senkrechten Talwänden und dem Fluß, der zwei Nummern zu klein ist. Er schafft es nicht einmal, den Schutt, der von den Hängen kommt, wegzuräumen. Wieviel größer muß die Erosionskraft der Donau gewesen sein, die diesen „Canyon" in die Albtafel sägte. Ein Canyon in unserer Alb? Man stutzt, aber aus der Luft gegriffen ist der Begriff nicht. Auch der Grand Canyon wurde vom Colorado River in ein Gebirge eingetieft, das gleichzeitig aufgewölbt wurde. Hier wie dort bestimmen steile Felsabstürze das Bild und scharf eingesägte,

kurze Seitentäler. Colorado und Donau fließen beide durch ein wasserarmes Land. In Arizona regnet es wenig. Auf der Alb versickert das Wasser im verkarsteten Kalkfels. Deshalb sind die steilen Talränder da und dort kaum abgeschrägt. Für die scharf eingeschnittenen, die meiste Zeit trockenen Seitentäler sind am Grand Canyon Platzregen und Gewittergüsse verantwortlich.

Solche Hochwasser bewirken in kürzerer Zeit viel mehr als dieselbe Wassermenge über längere Zeit verteilt. Auf der Alb waren es vor allem die Schmelzwasserfluten, die während der Kaltzeiten des Eiszeitalters im gefrorenen Boden nicht versickern konnten. Sie flossen in den alten, flachen Tälern der Hochfläche in Richtung Donau. Nur der große Fluß, den es einst da oben gab, hatte sich inzwischen runde 200 Meter eingetieft. Deshalb sägten die eiszeitlichen Nebenflüsse am Rand des Donautals in die hoch oben ausmündenden, alten Talböden tiefe Kerbtäler, ja regelrechte Schluchten ein. Drüben am Wildenstein ist das gut zu sehen, und talauf, talab im ganzen „Donaucanyon".

EIN SMARAGDGRÜNER SEE erfüllte das Tal. Kein Wald, nur niedriges Gestrüpp bedeckte die Hänge und Höhen. Eine Tundralandschaft, wie wir sie heute von Alaska kennen. So präsentierte sich das Donautal dem auf dem Eichfels rastenden Neandertaler. Ob er Augen hatte für die Schönheit der Landschaft? Wir wissen nur, daß er hier im warmen Sommer jagte. Der See im Donautal war ein Stausee. Eine Zunge des Rheingletschers hatte oberhalb von Sigmaringen die Donau überquert und das Tal abge-

Der Colorado River hat im trockenen Arizona den größten Canyon der Welt in ein aufsteigendes Gebirge gesägt. Zwar sind die Größenordnungen verschieden, aber die Geschichte des Donaudurchbruchs ist mit der des Grand Canyon durchaus vergleichbar.

Der Schutt des rißeiszeitlichen Gletschers ist zu harten Nagelfluhfelsen verbacken.

Den harten Weißjurafels hat ein Gletscher mit seinen Geschieben zu einem Rundhöcker niedergeschliffen.

riegelt. Während der Zeit der allergrößten Vereisung, die wir nach Albrecht Penck „Rißeiszeit" nennen, erreichten die nördlichsten Zungen des Rheingletschers vor rund 120 000 Jahren die Schwäbische Alb. Bei Riedlingen überquerten sie die Donau; bei Laiz blockierten sie den Fluß.

Zu jener Zeit lag fast ganz Oberschwaben unter einem Eisschild. Im Bodenseebecken erreichte es eine Mächtigkeit von 2000 Metern. Der 1064 Meter hohe Pfänder verschwand zeitweise ganz unter dem Eis. Erst die Hohe Kugel mit 1645 Meter und die Winterstaude mit 1877 Meter überragten den Gletscher, der sich mit der Geschwindigkeit des Stundenzeigers nach Norden schob. „Nunatakr" nennen die Eskimos in ihrer eiszeitlichen Welt solche kahlen Gipfel, die den Gletscher überragen.

SPUREN DES GLETSCHERS. In einer Kiesgrube südlich von Laiz kann man die Visitenkarte des Gletschers studieren. Am Rande des östlichen Baggersees fallen rundliche Felsbuckel aus Weißjurakalk auf. Ringsum liegt Gletscherschutt. Kein Zweifel, diese Rundhöcker hat der Gletscher geschaffen. Albfelsen, die ihm im Weg waren, schliff er mit den harten Geschieben, die er mit sich führte, nieder. Auch vor dem grönländischen Eis und den Gletschern der Alpen findet man solche Rundhöcker. Die Schären der skandinavischen Küsten sind ebenfalls auf diese Weise rund geschliffene Felsen. Die Rundhöcker von Laiz haben keine spiegelglatten Oberflächen mehr. Dafür sind sie zu alt. Die Schrammen und Kratzer der Geschiebe sind verwittert. Die scharfen Rillen auf dem Fels haben die Zähne der Baggerschaufel und der Planierraupe bewirkt. Sie haben die Visitenkarte des Gletschers überarbeitet.

KIES UND NAGELFLUH. Der Rheingletscher schaffte ungeheure Schuttmengen nach Norden: grobe Felsblöcke, auf dem Weg von den Alpen bis zur Donau, durch Eis und Wasser aneinander gerundete Geschiebe und Gerölle, dazu viel Sand. Deshalb gibt es vor dem alten Eisrand so viele Kieswerke. Kies vom Rheingletscher wird besonders geschätzt, weil er im Gegensatz zum Kalkschotter der Albflüsse viele harte Gesteine aus seinem alpinen Einzugsgebiet enthält. Da fallen neben dem gefleckten Korallenkalk aus dem Rät und dem roten Liaskalk der dunkelrote, kieselharte Radiolarit auf, als Tiefseesediment in der Jurazeit entstanden, und grüner Granit aus der Gegend des Julierpasses. Daneben gefleckter Verucano, ein uraltes Konglomerat, das der Tübinger Geologieprofessor Georg Wagner seinen Studenten stets als „Schwartenmagen" vorstellte. Ein Gestein, das in der Tiefe unter hohem Druck aus Schutt entstand. Am Rand der Kiesgrube steht ein jüngeres Konglomerat an: Nagelfluh. Kalkhaltiges Wasser hat den Kies des Rheingletschers verbacken. 100 000 Jahre alt ist die Nagelfluh von Laiz. „Betreten verboten!" steht an der Zufahrt; die hochaufragenden Kieswände der Grube sind nicht stabil, die Ufer nicht gesichert.

Nach der Rißeiszeit wurde es wieder warm im Land. Doch die lange Warmzeit war nur ein Intermezzo, eine warme Zwischeneiszeit. In der letzten Kaltzeit, der „Würmeiszeit", stieß der Rheingletscher wieder mehrfach nach Norden vor, aber bis zur Donau reichte es nicht mehr.

Solange der rißeiszeitliche Gletscher und sein Schutt das Tal sperrten, gab es Eisberge an der Donau.

Als sich das Eis zurückgezogen hatte, blieben die eisüberformten Felsen als Rundhöcker zurück, so wie heute in Grönland.

Die Geschiebe des Gletscher werden als wertvoller „Rheinkies" ausgebaggert. Aus der Gesteinsart kann man erkennen, woher das Eis kam. Der grünliche Granit in der Mitte stammt beispielsweise vom Julierpaß.

Ein Schloß, ein Tal, kein Fluß

MOCHENTAL heißt das Schloß. Das Tal ist das Kirchener Tal und der fehlende Fluß ist die Donau. Das Barockschloß Mochental ist ein Stück Oberschwaben auf der Alb. Es gehörte zur Abtei Zwiefalten und steht an der Stelle einer älteren Burg. Abt Augustin Stegmüller ließ 1730 bis 1733 das barocke Schloß erbauen und setzte damit auch ein Zeichen ungebrochenen katholischen Selbstbewußtseins an die Südflanke des protestantischen Württembergs. Doch die politische Eigenständigkeit Zwiefaltens sollte nur noch von kurzer Dauer sein. Das Ende der Abtei Zwiefalten und damit der Probstei Mochental kam mit dem Reichsdeputationshauptschluß von 1803. Damals fiel das ganze Gebiet an Württemberg. Der Kurfürst und spätere König Friedrich I. von Württemberg war, nachdem das Kloster in seinem Auftrag ausgeraubt worden war, immerhin großherzig genug, den letzten Abt von Zwiefalten seinen Lebensabend auf Schloß Mochental verbringen zu lassen. Nach einer wechselhaften Nutzungsgeschichte beherbergt Mochental heute eine weithin bekannte Galerie für moderne Kunst und außerdem das erste Besenmuseum der Welt.

Das Münster von Zwiefalten sieht man von Mochental aus nicht, wohl aber hinter dem Berg die Türme der berühmten Barockkirche des ehemaligen Prämonstratenser Chorherrenstifts Obermarchtal. Donauabwärts liegt Untermarchtal mit den langgestreckten Klostergebäuden der „Barmherzigen Frauen des Ordens des Heiligen Vinzenz von Paul".

EIN FLUSS IN DER KLEMME. Von Oberschwaben aus macht das schwäbische Mittelgebirge nicht viel her, so sanft steigen die bewaldeten Bergrücken der Alb an. Wo die Große Lauter in die Donau mündet, zeigt die Alb, was in ihr steckt: die massigen Riffkalke des oberen Weißen Jura. Steile Felswände erheben sich über die Donau, die hier am Südrand der Alb entlangfließt. Auf dem schönsten Riff liegt das Dorf Neuburg mit seinem bayerischen Zwiebelturm, dem Pfarrhaus, einer Wirtschaft, ein paar Bauernhäusern und einigen großgeratenen Neubauten.

Auf dem Höhepunkt der Rißeiszeit schob sich von Süden der Rheingletscher heran. Seine nicht besonders hohen Endmoränen sind als geschwungene, bewaldete Höhenzüge zu beiden Seiten des Bussen zu sehen. Die Schmelzwasserströme, die aus dem Gletscher herausbrachen, rissen Sand und Geröll mit sich und breiteten es in großen Schuttfächern vor den Endmoränen aus. Die Donau kam in die Klemme zwischen Gletscherschutt und Jurafels. Da aber mit dem Schutt auch viel Schmelzwasser von Süden kam, nahm die Erosionskraft zu. Die Donau, besser gesagt, das Schmelzwasser, das damals der Alb entlangfloß, konnte sich sogar in den Weißen Jura einschneiden.

IM NEUEN BETT. Ein Stück flußabwärts, oberhalb des heutigen Munderkingen, floß die Donau bis in die Rißeiszeit hinein durch ein tiefes Tal, das dem heutigen Talzug Kirchener Tal – Blaubeurener Tal entspricht. Dieses große alte Bett in der Alb hat sie damals verlassen. Das hat man ihr in Mochental bis heute nicht verziehen: „Eigentlich däd d'Donau do onda na g'höra, en onser Dal ond net noch Monderkenga nom. Mr sodd se grad wieder hola. Was glaubet Sia, wie schee sich onser Schloß in dem Wasser spiagla däd."

Wie es dazu kam, daß die Donau ihr angestammtes Bett verließ und ihm die Schmelzwasserrinne am Albsüdrand vorzog, beschäftigt die Geologen bis heute. Sie untersuchen vor allem die Schotter, die die Flüsse im Laufe der Eiszeiten zurückließen. Die Schotter belegen, daß damals das Schmelzwasser des Rheingletschers in der Gegend von Untermarchtal, also südlich der damaligen Donau, einen kräftigen Fluß bildete. Dieser Schmelzwasserfluß mündete bei Ehingen in die Donau und floß mit ihr vereint durch den zweiten Abschnitt ihres Albtals in Richtung Schelklingen, Blaubeuren und Ulm.

Folgt man den Vorstellungen des Geologen Ingo Schaefer, der sich auf genaue Einmessungen der Schotterterrassen von Obermarchtal bis Ulm bezieht, so hat ein Schmelzwasserfluß die alte Donau

Am Rand des Kirchener Tals liegt das Barockschloß Mochental.

73

Auf ihrer Donauseite steigt die Alb sanfter an als auf der Neckarseite. Bei Neuburg markiert ein Felsenriff am Ufer der Donau den Albanstieg. Kloster Mochental liegt am Hang eines alten, weiten, wasserlosen Donautals.

Nicht nur das barocke Schloß, auch die Viehherden auf den Wiesen erinnern an Oberschwaben.

angezapft. Das geschah seiner Ansicht nach in zwei Etappen. Zunächst lenkte der Schmelzwasserfluß einen südlichen Donauarm ab, so daß die Donau bei Untermarchtal für einige Zeit eine Stromgabelung bildete. Später wurde auch ihr Nordarm erobert und umgelenkt. Bei Ehingen kehrte diese vereinigte Donau in ihr angestammtes Albtal zurück.

DER NÄCHSTE ANGRIFF erfolgte wenig später bei Ehingen. Wieder dürfte die Donau einem Schmelzwasserfluß zum Opfer gefallen sein, der sie endgültig aus ihrem alten Albtal entführte. Die Verlegung der Donau erfolgte auf dem Höhepunkt der Rißeiszeit. Erst bei Ulm findet sie heute in ihr altes Bett zurück, verstärkt durch Riß, Roth und Iller. Unter dem Ulmer Münster liegen allerdings Schotter, die schon die einstige Albdonau aus dem Blaubeurener Tal brachte.

Über die möglichen Ursachen und den Ablauf der Ablenkung, diskutieren die Fachgelehrten bis heute.

So fragt man sich, ob nicht die Kippung der Albtafel eine wichtige Rolle spielte. Diese Kippung hätte den Fluß ständig nach Süden gedrängt und schließlich an zwei Schwachstellen ausbrechen lassen. Es ist auch denkbar, daß sich die Donau durch die Masse ihrer Gerölle selbst den Weg in die Alb hinein verlegte, oder aber sie fiel der größeren Erosionskraft der Schmelzwasserflüsse zum Opfer. Vielleicht liegt die Wahrheit irgendwo in der Mitte, getreu der gereimten Weisheit: Halb zog sie ihn, halb sank er hin.

IM KIRCHENER TAL. Die Sperrung des Donautals durch eine Zunge des Rheingletschers bestand höchstwahrscheinlich nicht durchgehend. Man weiß aus Alaska, daß solche Eissperren über lange Zeit stabil sein können, aber durch viele Faktoren beeinflußbar sind. Nicht zuletzt durch kurzfristige Klimaschwankungen. Wahrscheinlich ist auch der Eisdamm des Donausees hin und wieder durchgebrochen. Das dürfte im Donautal zu gewaltigen Flut-

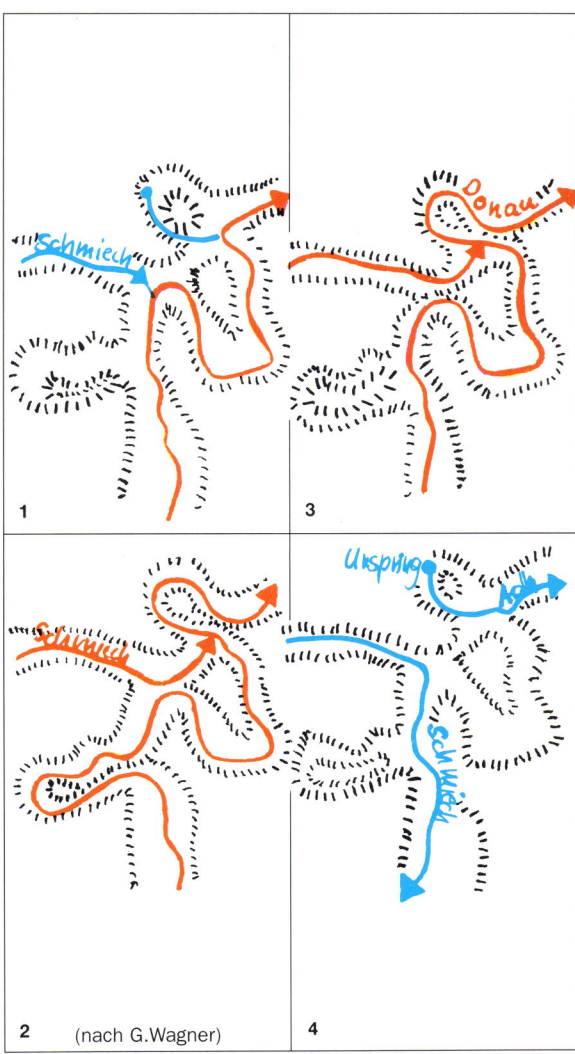

1

2   (nach G. Wagner)

3

4

wellen geführt haben, die sich auf die Talentwicklung, donauabwärts bis Untermarchtal und Ehingen, ausgewirkt haben könnten.

Im Kirchener Tal ist der Fluß völlig verschwunden. Mächtiger Weißjuraschutt bedeckt die letzten Donauschotter. Die extreme Verwitterung im Umfeld des Rheingletschers bewirkte, daß aus den Seitentälern des Kirchener Tals Verwitterungsschutt in das Haupttal quoll und das ehemals viel tiefere Tal auffüllte. So wurden die Spuren des Donaulaufs verwischt.

Im Blaubeurener Talzug folgte die Schmiech noch eine Zeitlang dem alten Donaulauf. Ihre Wassermenge reichte aber bei weitem nicht aus, um den Schutt im Tal wegzuführen. Schließlich blockierte sie sich selbst den Weg und wendete auf dem eigenen Schuttfächer in Richtung Ehingen, entgegen der alten Donaurichtung. Der Schmiechener See liegt nicht von ungefähr im verlassenen Donautal. Zwischen den Schuttfächern verschiedener ehemaliger

Donaunebenflüsse bildet er einen Stausee. Der flache See ändert seine Ausdehnung je nach Wasserzufluß und Verdunstung. Er ist heute ein interessantes Naturschutzgebiet mit Röhricht und Seggen, Schutzraum für viele Pflanzen und Vögel.

Selbst die kleine Urspringach verläßt ihren wunderschönen Quelltopf bei der Urspringschule in der falschen Richtung. Erst bei Schelklingen besinnt sie sich auf die alte Ordnung und schwenkt auf die Fließrichtung der verschwundenen Albdonau ein. In Blaubeuren vereinigt sich die Ach mit der Blau, in Ulm die Blau mit der Donau.

DER ALPENRHEIN war einst ein rechter Nebenfluß der Donau. Doch wo lag seine Mündung? Der Geologe Eckhard Villinger plädiert mit guten Gründen für Ehingen. Von da ab findet man nämlich nördlich des Tals der alten Albdonau auf den Höhen Schotter, die aus dem Quellgebiet des Alpenrheins stammen. Diese Schotter hat kein Gletscher und kein Schmelzwasser dahin gebracht. Von Ehingen an rücken die tertiären Kalke, die dort die Albhochfläche bedecken, zu beiden Seiten des Tals auf eine Distanz von drei bis vier Kilometern auseinander. Offenbar war dieses Tal aus der Zeit der Aaredonau bis Ehingen doppelt so breit wie weiter flußaufwärts, wo die tertiären Kalke nur zwei Kilometer auseinanderstehen. Die Ur-Donau hat demnach ab Ehingen wesentlich mehr Wasser geführt als oberhalb. So viel Wasser kann nur ein Fluß von der Größenordnung des Alpenrheins geführt haben. Die vereinigte „Alpenrhein-Donau" zog in weiten Schlingen hoch über dem heutigen Tal nach Osten.

Der Hochifen in den Allgäuer Alpen ist der letzte Rest einer Gebirgsfalte. Die Quellflüsse der Iller, wie die Breitach hinter dem Berg, ziehen mit geringerem Gefälle zur Donau hin. Sie sind weniger aggressiv als die Zuflüsse der Bregenzer Ach, die zum Rheinsystem gehören. Diese Zuflüsse setzen dem Berg aufgrund ihres größeren Gefälles weitaus stärker zu.

Rast am Sirgenstein

FIKTION. So stellen sich Kinder die Höhle vor, in der die Höhlenkinder wohnten: das breite Tor mit der Feuerstelle, der große, trockene Raum, nach Mittag geöffnet, der Vorplatz und die schützende Felswand im Rücken, die hoch hinaufzieht und oben eine Aussichtswarte bildet, wie sie besser nicht sein könnte. Kein Wald, kein Baum verstellt während der Eiszeit den Blick von der Sirgensteinhöhle das Tal hinauf und hinab.

Es ist Sommer. Die Jägerhorde aus dem Rhônetal ist wieder da. Eine Mammutherde zieht der Ach entlang, und ein wollhaariges Nashorn mit seinem Jungen. Der Fluß windet sich in Schlingen durch das weite Tal. Unterhalb des Sirgenstein läuft er so nah am Hang, daß nur ein schmaler Durchgang bleibt. Hier queren auch die schnellen Rentiere und die Herden der Wildpferde den Fluß. Diese Passage wird zur Falle für das Wild. Hier lauern die Jäger.

NEANDERTALER. Schon am Ende der Warmzeit zwischen Riß- und Würmvereisung vor rund 100 000 Jahren streiften kleine Gruppen dieser urtümlichen Menschen über die Alb. Das läßt sich belegen: Im Hohlenstein-Stadel im Lonetal hat man den Oberschenkelknochen eines Neandertalers gefunden. Auch am Sirgenstein haben die frühen Menschen Spuren hinterlassen, Werkzeuge vor allem: Faustkeile, die Universalwerkzeuge jener Zeit, und zahllose Abschläge, die bei ihrer Herstellung entstanden sind, daneben Schaber und Feuersteinklingen. 70 000 Jahre alt sind diese Reste aus dem „Alb-Moustérien".

Zur Herstellung eines Faustkeils braucht man zweierlei Steine: Eine bergfrische, zähe Feuersteinknolle aus dem Weißen Jura Delta liefert den Keil. Ein harter Schlagstein aus Quarzit, wie ihn der Rheingletscher hergeschafft hat, ist das Werkzeug, mit dem der Feuerstein bearbeitet wird. Ganz einfach ist es nicht, aber es läßt sich lernen. Klaus Eberhard Bleich weiß, wie es geht. Er schafft es, mit richtig gesetzten und gezielten Schlägen erstaunlich schnell das begehrte Werkzeug herzustellen. Vier Minuten Film

reichten mir, um die Herstellung eines Faustkeils in Neandertalermanier ohne Schnitt zu dokumentieren. Fazit: Erst wenn das Wild am Horizont zu sehen war, brauchte der geübte Werkzeugmacher nach Feuerstein und Schlagstein zu greifen. Der Vorsichtige trug wohl beide im Lederbeutel bei sich. Der Springinsfeld griff hinter sich und hatte die Feuersteinknolle vom Weißjurafels in der Hand. Den Schlagstein holte er sich im Kies der Ach.

Die Jäger lebten nicht schlecht, wenn man bedenkt, daß ein einziges Mammut rund eine Tonne Fleisch lieferte und anderes Wild in großer Zahl vorhanden war. Auch kleinere Tiere wurden gejagt: Hasen, Murmeltiere und Vögel. Der Fluß lieferte frischen Fisch. Das kann man aus den Resten von Mahlzeiten schließen, vor allem aus den Knochen und Zähnen, die sich im Schutz der Höhlen erhalten haben. Die Vorstellung vom Höhlenmenschen, der jahraus, jahrein seine Höhle wie ein Haus bewohnte, sich gemütlich darin einrichtete, die Wände mit Bärenfellen behängte, auf bequemen Sitzsteinen am Feuer saß und immerzu Schinken und Forellen grillte, ist sicher falsch. Die Jäger schweiften weit umher. Nur im Sommer kamen sie in die Albtäler. Den Winter verbrachten sie in wärmeren Gefilden, wahrscheinlich an der unteren Rhône. Meist blieben sie nur wenige Tage oder Wochen an einem Platz und kehrten oft jahrelang nicht wieder. Über den Neandertaler auf der Alb ist zwar immer noch wenig bekannt, der primitive, nackte Urmensch, für den man ihn lange hielt, war er aber sicher nicht.

AUSGEGRABEN UND GEDEUTET. Die Spuren vom Leben der Steinzeitjäger erhielten sich am besten in den Höhlen der Alb, so auch im Sirgenstein. Außerhalb der Höhlen und Felsdächer fand man verhältnismäßig wenig, obwohl die Jägerhorden sicher die meiste Zeit im Freien lebten. Wind und Wetter und stöbernde Tiere haben die meisten Zeugnisse zerstört.

Manche Höhlen sind wahre Archive der Vorzeit. Der Sirgenstein barg einen besonders großen Schatz.

Aus Mammutelfenbein ist die menschliche Figur geschnitzt, die man im Geißenklösterle fand. Mit hocherhobenen Armen scheint sie zu beten. 3,8 Zentimeter hoch und 1,4 Zentimeter breit ist dieses 30 000 Jahre alte Kunstwerk.

gehalten und statistisch bearbeitet – und damals noch ohne Computer. Riek schloß von den Eigenschaften des Sediments unter anderem auf das Klima, in dem es entstanden war. Acht Jahre dauerte die Ausgrabung der Brillenhöhle, von 1955 bis 1963. Ein Teil der Höhlenfüllung blieb unberührt für nachfolgende Generationen stehen.

Bis heute sind die Höhlen und Felsüberhänge im Blaubeurener Tal Gegenstand der Forschung. Seit 1973 graben Tübinger Forscher im Geißenklösterle, einer Felsengruppe im oberen Weißen Jura Delta gegenüber Blaubeuren-Weiler. Sie setzen alle Möglichkeiten der Chemie, der Physik, der Mathematik, aber auch der vergleichenden Völkerkunde ein, um Spuren der frühen Menschen zu deuten. Selbst der Computer hat Einzug in die Höhle gefunden, um die Fülle der Daten, die die Funde liefern, vor Ort speichern und verarbeiten zu können.

UNSEREN EIGENTLICHEN VORFAHREN, den modernen Eiszeitmenschen, die man der französischen Fundstätte Aurignac zuordnet, gilt am Geißenklösterle das Hauptinteresse. Längst geht es nicht mehr nur darum, seine Werkzeuge zu beschreiben und zu ordnen; man will mehr über die Lebensumstände jener Menschen erfahren.

Joachim Hahn und seine Mitarbeiter haben auch aufregende Einzelfunde gemacht, darunter die älteste, figürliche Darstellung eines Menschen: Das Täfelchen aus Mammutelfenbein zeigt eine nur 3,8 cm hohe und 1,4 cm breite Gestalt mit beschwörend erhobenen Armen und gespreizten Beinen. Etwa 30 000 Jahre alt ist diese Figur.

Auch die Aurignac-Menschen haben nur kurze Zeit und meist nur im Sommer im Geißenklösterle gelagert. Drüben im Lonetal scheint es anders gewesen zu sein. Die Vogelherdhöhle war anscheinend ein Dauerquartier. Anders läßt sich die gewaltige Zahl an Funden, die aus dieser Höhle kommen, kaum erklären. Dort fand Gustav Riek im Jahr 1931 die schönsten und bedeutendsten Elfenbeinfiguren aus dem Aurignacien.

Im Geißenklösterle fand man in einem vorspringenden Felsstück Fettspuren. Diente der Felsnapf als Tranlampe? Das Fett forellenartiger Fische, das man fand, und die Spuren von Senfölen – riecht das nicht nach Fisch vom Grill mit Senfsoße? Nicht schlecht! Die Leute vom Geißenklösterle trugen genähte Fellkleider, denn inzwischen hatte man die knöcherne Nähnadel mit Öhr erfunden. Die Jägergruppe wurde

Ein Fabeltier, eine tanzende Antilope, schliffen afrikanische Jäger in eine Felsplatte am Rande der Wüste Namib. Auch diese Gravierung hatte religiöse Bedeutung. Rund um die Welt haben steinzeitliche Jäger Felskunst und plastische Darstellungen hinterlassen.

Robert Rudolf Schmidt ahnte das wohl, als er sich im Jahr 1906 außer den Höhlen im Schmiechtal auch die Sirgensteinhöhle vornahm. In der tiefsten Sohle der Höhlenfüllung machte er Funde, die aus der Zeit des Neandertalers stammten. In den obersten Lagen entdeckte man Reste, die Jäger während der jüngsten Eiszeit und in der Nacheiszeit hinterlassen hatten. Innerhalb eines halben Jahres hatten der Professor und seine fleißigen Helfer die Höhle ausgeräumt – besenrein! Bei aller Hochachtung vor der gründlichen Arbeit R. R. Schmidts ist zu bedauern, daß kein Rest für seine wissenschaftlichen Nachfahren blieb und damit keine Chance für neue Methoden.

Längst hat man sich die Forschungsgeschwindigkeit der frühen Jahre abgewöhnt. Naturwissenschaftliche und mathematische Überlegungen fanden Eingang in die Arbeitsweise der Prähistoriker. Gustav Riek führte bei der Ausgrabung der Brillenhöhle, ein Stück weiter talabwärts, neue Methoden vor. Dabei blieb er aber seinem Motto „Wem was auffällt, dem fällt auch was ein" treu. Das bedeutet vor allem, daß man unvoreingenommen, aufgeschlossen für alles neue und phantasievoll an so komplexe Aufgaben wie die Analyse eines Höhlensediments herangeht. Vor Überraschungen ist man dabei nie sicher.

Um mehr über die Bildungsweise solcher Höhlensedimente zu erfahren, untersuchte Riek zahllose Kalksteinsplitter, die im Laufe der Jahrtausende von der Decke der Höhle gefallen waren und am Höhlengrund mehr oder weniger geschichtete Lagen bildeten. Ihn interessierte deren Größe und der Grad der Verrundung der Steine durch Verwitterung. Selbst die Zahl ihrer Flächen und Kanten wurde fest-

offenbar von Frauen und Kindern begleitet. Wie soll man sonst den Milchzahn deuten, den man im Höhlenschutt fand?

DER LETZTE SCHLÜSSEL zur Deutung der Höhlengeheimnisse wird wohl nie gefunden, so die Meinung von Joachim Hahn. Die Geisteswelt der Steinzeitmenschen wird uns vermutlich immer verschlossen bleiben. Ob das Männlein die Hände beschwörend erhebt oder ob es nur so geschnitzt wurde, um es als Mensch erkennbar zu machen – so wie das Kinder bis heute tun –, bleibt offen. Was besagen die Kreuzlein, die Punkte und Kerben, die fast alle Figuren bedecken? Es gibt viele Deutungen, aber sicher können wir nicht sein.

Auch die Gedankenwelt des Mittelalters ist uns fremd, wenn wir Felix Fabri, den Ulmer Dominikanerprior, hören. Er schreibt im Jahr 1488 in seiner Geschichte Schwabens: „Wenn man von der Stadt Schelklingen fürbaß schreitet, so gelangt man durch das Tal des Flusses Aha an einen massigen, hohen Felsen. Er ist sehenswert und wunderbar, wie er einsam von der Erde in die Höhe strebt, und in seiner schrecklichen Höhle wohnte einstmals ein Unhold. (…) und ist am Fuß des Felsen ein offenes Maul, durch das man zu einer fürchterlichen Grotte eintritt in den Bauch des Berges und ist eine gewaltige Aushöhlung des gewachsenen Felsen in die Breite, Höhe und Länge; so kann, der sie betritt, nicht anders vermuten, als daß jene Höhle vom Schöpfer der Welt sei gemacht worden zur Wohnung eines riesigen Unholds."

Von Schatzgräbern berichtet Fabri, von Musen und Mördern und Räubern, zu deren Unterdrückung ein „hochmächtiger schwäbischer Herr auf dem Gipfel des Felsens eine Burg errichtete, welche späterhin Wegelagerer bewohnten". Die Einwohner der Gegend mochten das nicht dulden. Sie brachen die Burg.

Kein Wunder, daß auch Ritter und Räuber den Sirgenstein schätzten. Der Platz war gut gewählt, um den Weg zu sperren. Wo einst die Jäger auf Beute lauerten, hatten auch Raubritter leichtes Spiel. Fabri kannte wohl noch die letzten Reste des Gemäuers. Ob aber da oben eine richtige Burg oder nur ein wehrhafter Turm stand, ist nicht überliefert. Hätte man nicht beim Straßenbau wohlbehauene Buckelquader unten am Hang gefunden, wäre dieser Teil der Geschichte des Sirgensteins wohl ins Reich der Fabel verwiesen worden.

Träume auf der Heuneburg

Fragment vom Henkel
einer Bronzekanne. Ob
der große König der
Heuneburg so ausgese-
hen hat?

Weit geht der Blick von
der Heuneburg über das
Ried im Donautal hin-
über zu den Moränenhü-
geln Oberschwabens
und zum Bussen.

HEUNEN UND HUNNEN, das sind ganz einfach Fremde, gar nicht unbedingt die Hunnen. Eine Heunenburg ist demnach eine Burg von fremden Leuten in einer fernen Vergangenheit gebaut. Drei Heune(n)burgen gibt es: die Donau-Heunenburg bei Hundersingen, die Große Heunenburg bei Upflamör und die Hünaburg bei Weihwang.

Erstaunlich lange hat sich im Umkreis der Donau-Heunenburg eine dunkle Erinnerung an die ältere Keltenzeit erhalten. Es gab schon die Eisenbahn, so weiß der Erzähler Joseph Hepp zu berichten, als er seinen Vater, Gerbermeister in Mengen, auf dem langen Weg nach Riedlingen begleitete und dabei die eigenartige Geschichte von der Heuneburg erfuhr. Jedesmal, wenn sie auf der alten Römerstraße im Donauried am Talhof vorbeikamen, wies der Vater zum steilen Bergsporn hinauf und sagte: „Guck Joseph, der Berg do, des ischd d'Heunaburg. Vor langer Zeit ischd amol an König von Italien raufkomma ond hot do oba a prächdigs Schloß baut."

Nun könnte man entgegnen, daß es hierzulande auf jedem besseren Buckel eine Burg oder ein Schloß gibt und daß dies nichts Besonderes sei – daß allerdings ein König aus Italien das prächtige Schloß nicht nur bewohnt, sondern auch erbaut haben soll, das ist nun doch etwas Besonderes und macht den

Reiz der Geschichte aus. Inzwischen weiß man, daß auf dem Bergsporn über der Donau jahrhundertelang eine feste Burg und eine Zeit lang tatsächlich ein „prächtiges Schloß" gestanden hat. Auch kann man sicher sein, daß von dort oben aus enge Beziehungen zum Mittelmeerraum unterhalten wurden. Im Gebiet der Heuneburg bekamen solche Überlieferungen ständig neue Nahrung. Bei der Arbeit auf den Feldern, beim Bau von Wegen und Häusern kamen Funde zutage, die die alten Geschichten bestätigten. Der Burghügel liegt rund 60 Meter über der Donau. Der Fluß drückt sich zwischen Hundersingen und Binswangen am Westrand seines drei Kilometer breiten Tals entlang und bildet ein schroffes Steilufer. Kleinere Bäche zerlegten den Steilhang in eine Reihe von Bergspornen. Einer davon trägt die Heuneburg.

GRABUNG. In der Mitte des letzten Jahrhunderts erwachte das wissenschaftliche Interesse an der Vor- und Frühgeschichte dieses Raumes. Zuerst wandte man sich den großen Grabhügeln zu, die auf der weiten Fläche westlich der Heuneburg liegen. Für den Burgberg selbst interessierte man sich weniger; dort wurden keine Schätze erwartet. Wissenschaftliche Grabungen und Untersuchungen, die 1950 einsetzten und 1977 einen vorläufigen Abschluß fanden, lieferten aber gerade vom Burgberg sensationelle Erkenntnisse. Es zeigte sich, daß der Berg bereits im zweiten vorchristlichen Jahrtausend befestigt war. Die jüngste Burg, die es dort gab, stammt aus dem frühen Mittelalter.

Die Ausgräber deckten insgesamt 18 übereinanderliegende Siedlungshorizonte auf und Reste von fünf Burgmauern. Vier dieser Mauern waren „Pfostenschlitzmauern", wie man sie auch sonst von keltischen Befestigungen jener Zeit kennt. Dieser Mauertyp ist eine äußerst stabile Holz-Stein-Konstruktion, deren höchste Entwicklungsstufe Cäsar als „murus Gallicus" beschrieb und bewunderte. Eine dieser fünf Mauern der Heuneburg folgt allerdings einem völlig anderen Bauprinzip. Weit und breit kennt man nichts Gleichartiges.

So rekonstruieren die Ausgräber die ummauerte Heuneburg, die im 6. und 5. Jahrhundert v. Chr. in voller Blüte stand.

In Amphoren wie dieser wurde der Wein auf die Heuneburg transportiert.

DIE LEHMZIEGELMAUER. In der jüngeren Hallstattzeit, im 6. Jahrhundert vor Christus, wurde die rund drei Hektar große Grundfläche des Hügels mit dieser fast 600 Meter langen Mauer umgeben. Auf der Nordseite verstärkte und verzierte man sie durch ein Dutzend viereckiger Türme. Zwei Tore führten durch das drei Meter dicke und vier Meter hohe Mauerwerk, das wohl von einem hölzernen Wehrgang gekrönt war. Auf einem Sockel aus grob zugeschlagenen Kalksteinblöcken wurde ein höchst präzises Mauerwerk aus quadratischen luftgetrockneten Lehmziegelplatten mit den Maßen $40 \times 40 \times 10$ cm aufgeführt. Die Ziegel wurden durch einen Sand-Lehm-Mörtel miteinander verbunden. Die Bewunderung für dieses Werk spricht auch aus den nüchternen Berichten der Ausgräber. So schreibt der Tübinger Frühgeschichtler Wolfgang Kimmig: „Diese Mauer, die mit großer Wahrscheinlichkeit das ganze Burgareal umlief, ist ein riesenhaftes Werk, das umfängliche organisatorische Überlegungen voraussetzte. Die bis zu drei Zentnern schweren Blöcke des Unterbaus wurden aus einem sechs Kilometer entfernten Kalksteinbruch herangekarrt, bei einer Bebauung von mehreren tausend Kubikmetern eine erstaunliche Leistung!"

VORBILDER IM SÜDEN. Doch wie kam es zu diesem ungewöhnlichen Bollwerk an der oberen Donau? Hatte einer der weltläufigen und mächtigen Keltenfürsten jener Tage Burgen und Städte am Mit-

telmeer gesehen? War es ihm gar gelungen, griechische Baumeister zu gewinnen, oder wurden einheimische Handwerker dort in die Lehre geschickt, um die Wünsche ihres Herrn verwirklichen zu können? Leicht hatten es die Baumeister mit ihrem Lehmziegelbau im feuchten und rauhen Klima am Südrand der Alb gewiß nicht. Immerhin, die Mauer hat gehalten und offenbar ziemlich lange und gar nicht schlecht. Reichte ein Dach und ein jährlich angeworfener Kalkverputz, um sie vor Regen, Schnee und Frost zu schützen? Oder besaß sie eine im Feuer gesinterte, glasartige Schutzhaut? Stücke, die man vom unbeschädigten Außenputz der Lehmziegelmauer fand, waren tatsächlich glashart. Im Altertum wurden vergleichbare Mauern auch im Mittelmeerraum verkleidet. Homer beschreibt in der Odyssee das Haus des Alkinoos' (7.84 f.):
„Denn da war ein Glanz wie von Sonnenlicht oder Mondschein in des stolzen Alkinoos' Haus, dem hochüberdachten. Erzverkleidete Wände erstreckten sich hierin und dorthin, von der Schwelle bis drinnen; ringsum ein Gesimse aus Glasfluß. Goldene Türen verschlossen das Innere des festen Gebäudes."
So kostbar war die Verkleidung der Heuneburg gewiß nicht, zumindest gibt es keine unzweifelhaften Beweise dafür. Allerdings gibt es in Hermann Bauers Überlegungen zur Heuneburg einen interessanten Hinweis auf ein mächtiges Schloß, dessen Mauern verglast gewesen sein sollen, so daß jeder, der sie erklimmen wollte, abrutschte.

KULTURAUSTAUSCH. Wer an einem klaren Tag am Rande der Heuneburg steht und nach Süden über das sumpfige Donauried und auf die Moränenhügel Oberschwabens schaut, auf den Bussen im Osten, der sie überragt und auf die Alpen in blauer Ferne, vermag sich wohl vorzustellen, daß auch ein Keltenfürst vor zweieinhalb Jahrtausenden hier vom Fernweh gepackt wurde. Da er gewiß kein armer Mann war, konnte er sich eine Reise durchs Rhônetal bis zum Mittelmeer oder ein Stück donauabwärts durchaus leisten. Zudem wohnten sowohl an der Rhône als auch an der Donau bis hinter Passau verwandte keltische Stämme.
Die griechischen Trinkschalen und Amphoren, die man fand, muß er ja nicht selbst von der Reise mitgebracht haben, auch nicht den großen Volutenkrater, das Weinmischgefäß, dessen Scherben man im Schutt der Burg fand. Derart sperrige Güter ließ man

Hohmichele wird der größte Grabhügel, die Begräbnisstätte der Heuneburger Fürstendynastie, genannt. „Michel" heißt „groß", „le" kommt von „Leh" und bedeutet „Hügel".

sich sicherlich auch schon damals nach gehabter Weinprobe an der Côte du Rhône nachsenden. Vielleicht waren auch die Hühner mit im Gepäck, deren Reste man auf der Heuneburg fand – coq au vin, denkbar wär's. Ob es so war oder anders, auf jeden Fall waren die Verbindungen zum Mittelmeerraum eng, vor allem zur griechischen Kolonie Masilia, dem heutigen Marseille. Dies belegen immerhin 70 Fragmente von schwarzfigurigem Importgeschirr aus der Zeit von 540 bis 480 vor Christus.

Die Heuneburg war mehr als ein Fürstensitz, sie war ein Zentrum eigenständiger handwerklicher Produktion. Bronze und Eisen wurden hier verarbeitet, hochwertige Töpferwaren gefertigt, bemerkenswerter Schmuck hergestellt. Das Viertel der Bronzegießer hat man ausgegraben. Es lag im Schutz der Mauer, trotz aller Umweltbelastung, die schon immer von diesem Gewerbezweig ausging. So gesehen, war die Heuneburg keine vom Volk abgehobene Akropolis für Fürsten und Götter, sondern aktiver Mittelpunkt eines leistungsfähigen Gemeinwesens. Längere Zeit gab es auch eine große Siedlung außerhalb der Mauer, eine Art Unterstadt. Wahrscheinlich wurden die Bürger dieser Stadt im Zuge der ersten Gemeindereform aus ihren Weilern umgesiedelt. Die Reste dieser Stadt fand man ein paar hundert Meter nordwestlich am flachen Hang und auf der Ebene. Sie ging zusammen mit der Oberstadt bald nach 500 v. Chr. in den Flammen unter.

Das Leben ging weiter. Die neue Burg erhielt wieder eine keltische Mauer der alten Art, und das Volk lebte wie früher in kleinen Weilern.

TRÄUME. Man möge dem beeindruckten Besucher der Heuneburg zugute halten, daß er ein wenig spekuliert. Die Ausgräber haben wahrhaftig Stoff genug dafür geliefert. Ein paar Fragen bleiben, vor allem für den Schwaben: Hat der große Fürst „für sei Sach au zahlt?", für die ganze Pracht, den griechischen Wein und das edle Trinkgeschirr? Geschenkt hat ihm das sicher keiner, als Entwicklungshilfe für einen förderungswürdigen Barbaren am Rande des Erdkreises. Und wenn er bezahlt hat, womit denn? Mit Gold? Davon hatte er selber nicht übermäßig viel. Mit Bronzeschmuck, eisernen Dolchen und Lanzenspitzen? Das konnten die Griechen besser. Handelte er mit Fellen, feinen Pelzen und Bernstein, am Ende gar mit Sklaven, oder verkaufte er Soldaten, wie es auch später eine Weile Mode war im Ländle? Tauschte er gesalzenen Wildschweinschinken oder überhaupt nur Salz? Am Salzberg von Hallstatt saßen die keltischen Vettern norischen Stamms, Bergleute und erfolgreiche Händler zugleich. Schriftliches ist nicht überliefert. Niemand weiß genau, was es mit diesem Heuneburgkönig wirklich auf sich hatte und woher er kam. Am Ende kam er tatsächlich vom fernen Italien, wie es die Überlieferung will. Ihn selbst hat man nicht gefunden. Seine „Pyramide", das Hohmichele, war ausgeraubt.

Auszug aus Michel Buck, Der Roualaih

Saß der alte Herr der Heunen
An der Eiche vor der Feste,
Froh des Schirmes mit den Seinen,
Denn sie war der Burgen beste.

Auf der Höhe vor dem Walde
Wehrten mächt'ge Doppelwälle
Und am Strom die jähe Halde
Schirmend Säle, Hallen, Ställe.

Zwanzigtausend Volksgenossen
Mit den Schätzen auf den Wägen
Mit den Kindern, mit den Rossen
Und der Fluren reichem Segen.

Horch! da schallet Hörnerschmettern
Kriegsgeschrei gar über Gäste,
Beilbewehrte Feinde klettern
Schon vom Walle in die Feste,

Werfen Feuer, und im Dampfe
Welch ein Würgen, welch ein Morden
Im verzweiflungsvollen Kampfe
Wird der Sieg den fremden Horden,

Fremden Horden aus dem Osten,
Hochgewachsnen, starken Recken,
Die um Beut' und wenig Kosten
Jeden mit dem Leibe decken.

Auf der Feste hohen Wällen,
Im verkohlten Königsseedl
Trinken Huntraß' Heergesellen
Met aus Segomaros Schädel!

Kapfen vom Karpfen

Über die Felderfläche im mittleren Braunen Jura erhebt sich der Hohenkarpfen als Restberg mit einer Kappe aus Weißem Jura.

KLEIN UND FAST VERGESSEN. „Kapfen" meint „Ausschau halten" und „karpfen" wohl auch. Ein zugelaufenes „r" stört da wenig; schließlich soll es auch heute noch Gegenden auf der Alb geben, wo man „Morscht" statt „Most" sagt, wenn's vornehm sein soll. Doch wo liegt er, der schöne Aussichtsberg? Zwischen Trossingen und Tuttlingen, nicht weit von Spaichingen in einer breiten Talpforte der Elta gegenüber vom Lupfen.

Ein schmaler, aber bequemer Fahrweg führt bis unter den Gipfel. Dennoch soll es landeskundige Fahrer geben, die den Karpfen zwar von allen Seiten gesehen, aber nie erreicht haben. Weit im Norden des Bergs an der Friedenseiche zwischen Hausen ob Verena und Gunningen steht der Wegzeiger zum Hofgut und zum Museum der Kunststiftung Hohenkarpfen.

Der Wanderweg zur Burg führt, an Gasthof und Brunnen vorbei, zunächst über Wiesen, quert dann einen Gürtel von Büschen und zieht schließlich am steilen Südhang hinauf zur Hochfläche mit der Ruine. Es ist zu wenig von der Burg erhalten geblieben, als daß man sich ein genaues Bild von ihr machen könnte. Einen Eindruck vom Aussehen der Burg während ihrer Blütezeit vermittelt ein Epitaph in der Kirche von Hausen ob Verena.

Die verschwundene Burg gehörte zu den kleinen im Land. Die Anlage bestand aus einer dreieckigen Vorburg und einer ebenfalls dreieckigen Hauptburg; sie waren durch einen 20 Meter breiten Graben voneinander getrennt. Durch den Eingang betrat man zunächst die nach Norden liegende Vorburg mit ihrem Wachturm. Sie war ringsum von einer Mauer umgeben, ebenso wie die nach Süden sich erstreckende Hauptburg. Diese besaß insgesamt drei Gebäude. In der nordwestlichen Ecke stand ein starker, runder Mauerturm, von dem aus der Eingang zur Vor- und zur Hauptburg geschützt werden konnte. Der innere Eingang sowie die gesamte Burg wurden zudem durch Zwinger gesichert.

Wann die Anlage erbaut wurde und von wem, ist nicht genau überliefert. Möglicherweise ließ sie Egil-warth von Calpfen errichten, der schon 1050 urkundlich erwähnt wird und wohl kaum zum niederen Adel zu rechnen ist. Er tritt mehrfach im Gefolge des Grafen von Nellenburg auf. Die Herrschaft Karpfen selbst war ein Reichslehen.

Ein bequemes Schloß war die Burg auf dem Karpfen gewiß nicht. Im Wohnturm lebte auf drei bis vier Stockwerken die Ritterfamilie, zusammen mit den bewaffneten Knechten und dem Gesinde. Erst später kamen weitere Gebäude dazu.

„RAUBEN UND AU STEHLEN IST KEIN SCHAND, das tun die Besten im Land." Nach diesem Motto lebten viele Ritter, auch die vom Karpfen. Spätestens im 15. Jahrhundert verloren die Ritter durch das Aufkommen von Söldnerheeren ihre Funktion als „adlige Kriegerkaste". Wirtschaftliche Not und sozialer Abstieg führten zu einer „Blüte" des Raubrittertums. Es war damals üblich, durch Raubzüge die Burgkasse aufzubessern. Ein beredtes Bild dieser Zeit zeichnet die Mainzer Chronik von 1367: „Die ganze Gegend durchstreiften nämlich Räuber und schonten keinen; sie behandelten gleich den Geistlichen und den Bauer. Und die Fürsten waren uneins, und viel Übermut wurde verübt. Das gemeine Volk lebte viehisch; Rechte und Gesetze wurden nicht beobachtet, vielmehr die göttlichen verachtet. Und die Wanderer in Schwaben und rings um den Rhein, wo ehedem Friede herrschte, hatten Furcht."

Auch der Hohenkarpfen war ein „Raubritternest". In der Nähe verlief die alte Schweizer Straße, eine der großen Handelsstraßen jener Zeit. Im Versteck auf dem Karpfen heckte man die Raubzüge aus und zog sich nach vollbrachter Tat schleunigst hinter die schützenden Mauern zurück. Um 1410 teilten sich elf adlige Familien das kleine Anwesen. Ein ausgeklügelter Vertrag sorgte für den Burgfrieden und eine reibungslose Zusammenarbeit. Die „Missethat", die vom Hohenkarpfen ausging, war so groß, daß Kaiser Sigismund höchstpersönlich dem Treiben ein Ende setzte und die unselige Burg einzog.

84

So könnte die Burg auf dem Karpfen ausgesehen haben.

1422 belehnte der Kaiser den Ritter Heinrich von Blumberg mit der Herrschaft Hohenkarpfen. Doch schon nach sieben Jahren verlor Heinrich die Lust an seinem neuen, wohl recht heruntergekommenen Besitz und versuchte, die Burg an die Österreicher loszuschlagen. Dies wiederum war nicht im Sinne des Kaisers. Er bat deshalb seine Reichsstadt Rottweil, den Hohenkarpfen zu kaufen und notfalls zu schleifen. Doch die Rottweiler dachten als gute Kaufleute nicht daran, die Burg zu kaufen.

Am Ende gab es keinen mehr, der den Hohenkarpfen nehmen wollte oder haben durfte, außer den Württembergern. Sie erwarben schließlich 1444 die Herrschaften Karpfen und Lupfen mit allen dazugehörigen Orten, um ihre Position im Süden auszubauen.

EIN SOHN DES GRAFEN IM BART profitierte von der Neuerwerbung seines Großvaters, Graf Ludwig I. Hatte doch der vielgeliebte Graf Eberhard zwei uneheliche Söhne unterzubringen. Wie es sich für einen Ritter geziemt, machte er sich nicht einfach aus dem Staube, sondern kümmerte sich um seinen Nachwuchs, auch wenn dieser nicht ganz standes-

gemäß war. Diesem Mangel half allerdings der Kaiser ab, indem er die Söhne in den Adelsstand erhob. Ludwig, der Ältere, studierte an der von Graf Eberhard gegründeten Universität Tübingen und promovierte dort zum Doktor der Rechte. Sein Vater machte ihn zum Grafen von Greifenstein, seinen Halbbruder Hans schlug er zum Ritter Hans von Karpfen. Ihm folgten mehrere Ritter namens Hans als Lehnsherren und treue Vögte im Dienste des Hauses Württemberg. Auf dem Karpfen waren sie allerdings immer seltener. Die Burg verfiel. Als württembergischer Vorposten im Süden war sie Herzog Christoph jedoch so wichtig, so daß er bei Hans III. die Instandsetzung der Anlage anmahnte.

Im Dreißigjährigen Krieg, nur drei Jahrzehnte nach der Renovierung, wurde die Burg zerstört. 1628 hatte der grauenvolle Krieg auch diese Gegend erfaßt. Das strategisch wichtige Tuttlingen am Donauübergang wurde abwechselnd von protestantisch-schwedischen und katholisch-kaiserlichen Truppen heimgesucht. Die Besatzer plünderten und mordeten und zerstörten Felder, Dörfer und Burgen. Auch der hochgerühmte Konrad Wiederhold, Oberst und Kommandant der württembergischen Feste Hohentwiel, suchte die Gegend mit seinen Beutezügen heim. Wer konnte, floh in die Schweiz. Unter den Flüchtlingen war auch Hans Dietrich von Hohenkarpfen. Erst 1640 kehrte er ins Land zurück und erhielt schließlich sein altes Lehen wieder. Doch die Burg Hohenkarpfen war zerstört. Hans Dietrich selbst starb im damals biblischen Alter von 83 Jahren. Er hatte Krieg, Hunger, Pest und Vertreibung überlebt. Mit seinem Ende nahte auch das Ende derer von Karpfen. Das Lehen fiel an Württemberg zurück.

Was heute vom Hofgut auf der Südseite des Berges zu sehen ist, ließ die Trossinger Familie Ritzi in den 70er Jahren restaurieren. Im Ökonomiegebäude ist jetzt die Kunststiftung Hohenkarpfen untergebracht, die unter Leitung von Friedemann Maurer ein bemerkenswertes Museum für Landschaftsmalerei aufgebaut hat. Felix Hollenberg ist dort vertreten, ebenso berühmte Namen wie Johann Wilhelm Schirmer, Hans Thoma, Christian Landenberger und nicht zuletzt Otto Dix, den wohl nur wenige als Landschaftsmaler kennen.

FELIX HOLLENBERG, der Maler und Graphiker, kam vom Niederrhein. Auf der Schwäbischen Alb fand er eine zweite, künstlerische Heimat. Die Weite

der Flächen, der hohe Himmel und die Klarheit der Landschaft, die erkennbaren Gesetzmäßigkeiten ihres Aufbaus faszinierten ihn. Er war einer der wenigen Landschaftsmaler, die sich wirklich mit der Geologie auseinandersetzten.

Nicht zufällig entwickelte sich zwischen ihm und dem Tübinger Geologen Georg Wagner ein freundschaftliches Verhältnis. Auf vielen Exkursionen erwanderten sie Südwestdeutschland. Vor allem in den Radierungen Hollenbergs erkennt man das geologisch geschulte Auge. Wesentliches wird mit sicherem Strich erfaßt, Zufälligkeiten finden bei aller Liebe zum Detail keinen Platz. Kein Wunder, daß auch Georg Wagners „Einführung in die Erd- und Landschaftsgeschichte" Graphiken und Landschaftsbilder von Felix Hollenberg enthält. So wird der Graphiker zum Lehrmeister für den Geologen: „Gucket dem Hollenberg seine Bilder a'. Der braucht koin Böschungswinkel. Dem reicht's, wie's isch. Manchmal macht er's au so, wie's eigentlich sei müßt." So Georg Wagner zu seinen Studenten.

Aus dem Jahr 1919 stammt ein Ölgemälde von Karpfen und Lupfen; es ist im Museum zu sehen. Hollenberg scheint über dem Land zu schweben und wie

aus einer niedrigen Vogelperspektive zu zeichnen. Die Grundzüge dieser Landschaft erkennt man wieder, obwohl sich inzwischen vieles verändert hat: Äcker sind zu Wiesen geworden, Wiesen zu Weiden, die Schafweide von damals ist von dunklem Fichtenforst überwachsen. Hollenberg hat die Landschaft noch in einem Zustand erfaßt, wie er über Generationen hinweg fast unverändert Bestand hatte.

Seit dem letzten Krieg hat sich die Welt mehr gewandelt als in Jahrhunderten zuvor: Aus kleinen Parzellen hat die Flurbereinigung große Flächen zusammengefügt, Bäche begradigt, Büsche und Hecken ausgeräumt. Andererseits breitet sich der Wald aus, wo sich die Landwirtschaft zurückzieht. Auch den ehemals kahlen Karpfen beginnt er zu erobern. Der Lupfen hat längst die sommerliche Wärme und Heiterkeit des Weidebergs verloren. Der „König der Baar" hat sein Haupt mit dunklem Wald verhüllt.

KLEINER BERG IM GROSSEN TAL. Der Hohenkarpfen liegt in der Talpforte der Elta. Dieser kleine Fluß paßt so wenig in die weiträumige Tallandschaft wie drüben bei Spaichingen der Faulenbach. Viel

**Aus dem Jahr 1919 stammt die Radierung von Felix Hollenberg, die den Hohenkarpfen hinter Hausen ob Verena zeigt.
Damals war der Berg noch kahler, die Landwirtschaft reichte bis zum Steilanstieg. Hecken markierten die Grenzen der Fluren.**

87

Zwar ist der Hohenkarpfen kein hochaufragender Albvorberg wie der Hohenzollern, doch beherrscht er die weite Talpforte der Elta.

mehr Wasser war nötig, um dieses Tal auszuräumen, ein viel größerer Fluß muß hier am Werk gewesen sein. Daß dies so war, läßt sich beweisen: Drüben bei Denkingen und Aixheim liegen Flußschotter am Hang, die Gerölle aus dem Schwarzwald enthalten: Buntsandstein, Granit und Gneis. Diese Schotter wurden von einem Fluß herangeschafft, dessen Oberlauf sich mit dem Talsystem der heutigen Eschach zur Deckung bringen läßt: einer Ur-Eschach. Deren Quellen entsprangen in der Gegend der Hornisgrinde. Ihr Wasser zog hoch über dem heutigen Albvorland durch die Talpforte von Elta und Faulenbach zur Donau. Das war bis gegen Ende des Tertiärs so. Heute mündet die Eschach bei Rottweil in den Neckar, genauer gesagt: Der Neckar hat sich die Eschach geholt.

Nach dem Einsinken des Oberrheintalgrabens gewann der Neckar Gefälle und schnitt sich südwärts in das uralte Talsystem der Donau ein. Zur Donau flossen einst viele Schwarzwaldflüsse, so wie heute noch Brigach und Breg. Der Neckar zapfte nicht weit vom heutigen Rottweil auch die Ur-Eschach an. Das Land um den Karpfen saß von da an auf dem Trockenen, wenn man von den Bächlein absieht, die sich im unmittelbaren Albvorland sam-

melten. Aber selbst diese kleinen Donauzuflüsse sind vor dem Neckar nicht sicher. Die Prim, der erste Neckarzufluß, der von der Alb herkommt, schneidet sich mit scharfen Talzinken in das Vorfeld der Pforte ein. Nur noch der Faulenbach und die Elta schlängeln sich mühsam durch das alte Tal der Ur-Eschach der Donau zu.

Merkwürdigerweise haben die Württemberger die Chance verpaßt, den Neckar aufzuwerten. Die Quelle der Eschach liegt am weitesten entfernt von der Mündung des Neckars in den Rhein und hätte damit den Anspruch als Neckarquelle zu gelten. Doch die Geographen lassen den Neckar bei Schwenningen entspringen und machen damit den stolzen Fluß des Schwabenlandes um 20 Kilometer kürzer.

AUSSICHTEN. 912 Meter hoch ist der Karpfen, höher als man denkt. Er sieht zwar aus wie ein Vulkankegel, ist aber ein Zeugenberg, letzter Rest einer einst zusammenhängenden Albtafel auf der Höhe des Weißen Jura Beta. Diese Wohlgeschichteten Kalke stehen im Gipfel des Karpfens an. Seine Hänge sind von Verwitterungsschutt verhüllt. Nach Nordwesten öffnet sich der Blick aus der Talpforte hinaus bis zu den fernen Höhen des Schwarzwalds.

Rings um den Karpfen liegt altes bäuerliches Land. In Zeiten der Not reichten die Äcker bis an den Steilhang heran. Heute hat sich der Ackerbau sogar aus dem Weißen Jura Alpha am Fuße des Karpfens zurückgezogen. Erst dort, wo der Boden braun wird, beginnen die Felder. Eine breite Ackerfläche liegt über einer Stufe im mittleren Braunen Jura. Die Dörfer sind recht ursprünglich geblieben. Noch hat der Kranz der Neubauten die alten Dorfkerne nicht erdrückt.

Im Nordosten begrenzt der 989 Meter hohe Dreifaltigkeitsberg den Horizont. Näher am Karpfen gelegen, steigt hinter dem Hesselbachtal mit der Hausener Mühle der Zundelberg auf 935 Meter auf. Er ist ein Teil der Berginsel zwischen Elta und Faulenbach.

WALD ODER WEIDE. Schön ist die Schafweide rund um den Berg. Frei schweift der Blick über die waldfreie Ebene. Am Karpfen steht man – ebenso wie am Ipf, an der Limburg, am Jusi und am Georgenberg – immer erneut vor der Frage, wie man den Berg denn gerne haben möchte: mit Wald oder mit Schafweide?

Überließe man die Natur sich selbst, so wäre der kahle Gipfel des Karpfens bald völlig mit Wald überzogen, einem wilden Wald allerdings, der sich durch seinen Artenreichtum vom dunklen Fichtenforst am Lupfen unterscheiden würde. Auf der Höhe des Berges stehen die Bäume der „ersten Stunde". Ihre Samen und Früchte hat der Wind herbeigetragen: Esche und Bergulme, Feldahorn, Bergahorn und Weißbuche. Aber auch Bäume und Büsche, die von Tieren verbreitet werden, sind schon da: Haselnuß, Weißdorn, Heckenkirsche, Hartriegel, Heckenrose, Schlehe und Holunder. Die kräftigsten Bäume stellen die Büsche bereits in den Schatten. Apfelbaum, Weide und Mehlbeere kommen nicht mehr hoch. Auch die Nadelhölzer haben es hier schwer.

Dieser naturgegebene Wald auf dem Karpfen ist offenbar unerwünscht. Was hätten sonst die Holzfäller hier zu schaffen? Sie legen die stärksten Stämme um und lichten das Gebüsch. Sie kämpfen für die Weide, für das gewohnte, liebe Bild des Berges und für die Silberdisteln. Nur, und das sieht man erst auf den zweiten Blick, die Gräser am Karpfen sind so wüchsig, daß Carlina acaulis, die Stengellose Silberdistel, lange Stengel treiben muß, um ans Licht zu kommen. Die Schafherde fehlt oder der Naturschützer mit Säge und Sichel.

Mehr als Preußens Gloria

SPIEGLEIN, SPIEGLEIN an der Wand, sag' mir den schönsten Berg im ganzen Land! Für Hölderlin war's wohl die Teck, für Friedrich Theodor Vischer der Staufen, einem Reutlinger geht nichts über die Achalm, und die Preußen krönten den Zollern. Gewiß ist der Hohenzollern einer der schönsten Berge der Alb: Von weither grüßen Burg und Berg das Land.

„Romantischer Ausdruck eines königlichen Traums", so will es der Prospekt, geträumt an einem wunderschönen Juliabend des Jahres 1819. Damals habe der 23jährige Kronprinz Friedrich Wilhelm von Preußen im Rahmen einer Italienreise den ruinenhaften Stammsitz seines Hauses besucht und beschlossen, den Hohenzollern in vollem Glanze wiedererstehen zu lassen. Doch ganz so leicht konnte selbst ein preußischer Kronprinz seine Träume nicht verwirklichen. Die Verwandtschaft in Hechingen und Sigmaringen war knapp bei Kasse, und die preußischen Minister wollten die Burg nicht finanzieren. So konnte der Kronprinz fürs erste gerade 10 000 Taler auftreiben.

Hauptmann Arnold wurde mit dem Bau beauftragt. Er machte aus der Not eine Tugend und verwandelte die Burg in eine romantische Ruine: Waffensaal und Kapelle wurden instandgesetzt, einige Mauern kunstvoll gesprengt. Als Blickfang ließ man kurzerhand einen Turm errichten. Der Kronprinz war alles andere als begeistert von dieser „Renovation". Er hatte mit der Stammburg seines Geschlechts Größeres im Sinn.

PR FÜR PREUSSEN. 1830 begegnete der Kronprinz dem Grafen Stillfried, der sich der Erforschung der hohenzollerischen Geschichte widmete. In Stillfried fand Friedrich Wilhelm einen entschiedenen Förderer seiner Idee. Mit allen diplomatischen Mitteln betrieb der Graf die Wiederherstellung der Stammburg. Der Hohenzollern sollte für das ganze deutsche Volk zum sichtbaren Beweis der „Anciennität" des Königshauses Preußens werden und zugleich Museum und Denkmal der hohenzolle-

Vom Backofenfels geht der Blick über den Hohenzollern weit in das Vorland.

Rede des Grafen Stillfried an den König vor der Freitreppe der Burg Hohenzollern. Nach einer Skizze von R. Assmann, von C. Rörde. (S. 71.)

Bei der Einweihung der Burg am 3. Oktober 1867 hielt Graf Stillfried eine Rede an König Wilhelm I. von Preußen.

Jos Niklas ist der Erbauer der zweiten Burg. Die erste wurde von Württemberg und den Städten im Auftrag des Kaisers 1423 völlig zerstört.

risch-preußischen Geschichte, mit dem Ziel, den Führungsanspruch Preußens zu legitimieren. So diente der Bau ganz bewußt der Öffentlichkeitsarbeit. Von der Grundsteinlegung über das Richtfest bis zu den Einweihungsfeierlichkeiten wurde dem Hohenzollernschloß größte Aufmerksamkeit zuteil, auch über die Grenzen Deutschlands hinaus. Der prächtige Neubau rief allerdings nicht nur Bewunderung hervor. So verfolgten unter anderem die nächsten Nachbarn, Württemberg und Bayern, das Projekt mit größtem Argwohn.

1838 legte Stillfried die ersten Pläne zur Erneuerung der Burg vor. Sie wurden allerdings erst aufgegriffen, als Kronprinz Friedrich Wilhelm IV. den Thron bestieg. Inzwischen waren auch die süddeutschen Hohenzollern höchst interessiert an einem preußischen Engagement in ihren Ländern, und der Bau auf dem Hohenzollern war ihnen sehr willkommen. Aus Angst vor der drohenden Revolution in Süddeutschland suchten sie den Schutz der Großmacht. Dafür waren die Fürsten sogar bereit, sich finanziell am Bau der Burg zu beteiligen.

Friedrich August Stüler, ein Schüler Schinkels, entwarf schließlich das neue Schloß nach den Vorgaben Stillfrieds. Maßgeblich war der Grundriß der mittel-

alterlichen Zollernburg. Bei der Gestaltung der Türme und Dächer orientierte er sich an der englischen Gotik. Ihr galt auch die Vorliebe des Königs. Graf Stillfried verhinderte allerdings ein englisches Schloß auf dem Zollern. Er bestand auf den hohen Dächern, den steilen Giebeln und den spitzen Türmen als typischen Merkmalen deutscher Burgen.

DIE REVOLUTION brachte neuen Wind in die Sache. Die Ereignisse der Jahre 1848 und 1849 führten dazu, daß die hohenzollerischen Lande auf Wunsch ihrer Fürsten durch den Staatsvertrag vom 7. Dezember 1849 zu Teilen des preußischen Staates wurden. Noch vor der Unterzeichnung des Vertrags gab König Friedrich Wilhelm IV. von Preußen den Befehl, den Hohenzollern als Festung bauen zu lassen. Nun ging es nicht mehr nur um die Ahnenpflege. Der Hohenzollern sollte einerseits ein preußisches Schloß, andererseits aber ein starker militärischer Stützpunkt werden, eine Festung, von der aus – wie man vorsichtig formulierte – „Einfluß auf die Fürstentümer" ausgeübt werden könne.

FESTUNG UND SCHLOSS. Die militärische Anlage entwarf der Festungsbauer Prittwitz. Von ihm stammt auch die imposante Auffahrt, die sich wie ein Schneckengang nach oben windet. Das „romantische" Schloß darüber wurde fast unverändert nach den Entwürfen Stülers von 1846 errichtet. Die Innenräume gestaltete Graf Stillfried. Von ihm stammen Namen wie „Bischofsturm", „Markgrafenturm", „Fürstenbau", „Königsbau" und „Kaiserturm", in denen sich die Epochen der zollerisch-preußischen Geschichte widerspiegeln. Mit den Kaiserstatuen in der „Kaiserhalle" wollte Stillfried die reichspolitische Bedeutung der Zollern hervorheben und den preußischen Anspruch auf die Kaiserwürde untermauern. Er sah die Zollern in der Tradition der staufischen Kaiser. So sagte er in seiner Rede bei der Einweihung des Schlosses im Jahr 1867: „Was nicht den Staufen gelang, o König, Dir wollt' es gelingen / Und Barbarossas Traum werde zur Wahrheit durch Dich!" Vier Jahre später wurde Wilhelm I., der Sohn Friedrich Wilhelm IV., in Versailles zum deutschen Kaiser gekrönt.

Der Hohenzollern war, ganz im Gegensatz zum Lichtenstein, weit mehr als ein romantisches Traumschloß. Er war nach Rolf Bothe ein politisches Instrument der Reichsgründungsepoche und sollte für ein vereintes Deutschland unter der Führung Preußens werben. Als Zeichen königlicher Gewalt stand die Festung Hohenzollern auch für den Sieg der Restauration.

BERGE IM GRABEN. Wie der Staufen und die Teck, der Neuffen und die Achalm liegt auch der hoch über das Vorland aufragende Zollern in einem geologischen Tief, einem Graben. Dort, geschützt vor der Abtragung, haben sich diese Ausliegerberge vor dem Albtrauf erhalten und überragen nun, weil sie so tief gesunken sind, ihre Umgebung. „Reliefumkehr" nennt man das in Fachkreisen. Ein offenbar auch historisch äußerst wirkungsvoller Prozeß: Ohne Grabentektonik und nachfolgender Reliefumkehr keine Burgberge für die „Erste Klasse".
Die Namen dieser Berge sind sehr alt. Auf ihnen wurden die ersten Höhenburgen errichtet. Der Hohenzollern ist wohl die älteste. Die Familie, die sich um 1050 eine solche Burg leisten konnte, muß zu den mächtigsten Grafengeschlechtern dieser Zeit gehört haben. Der Hohenstaufen wurde um 1088 erbaut, Neuffen und Teck erhielten ihre Burgen in der ersten Hälfte des 12. Jahrhunderts.

BURG UND BEBEN haben den Zollern berühmt gemacht. Der geologische Graben, in dem der Berg liegt, ist eine der zahlreichen Fiederspalten des viel größeren Oberrheingrabens, der zu einem erdumspannenden Grabensystem gehört, einer Zerrung der Erdkruste, die sich vom östlichen Afrika über das Rote Meer durch das Mittelmeer bis zum Rhône- und Oberrheingraben verfolgen läßt. Durch die Nordsee führt dieses System weiter bis zum Oslofjord.
Mit dem großen Erdbeben am 16. November 1911 brachte sich das Gebiet des Zollerngrabens als aktive Erdbebenzone in Erinnerung, nachdem es jahrhundertelang nicht von sich reden machte. In jüngster Zeit wies es die höchste Aktivität in Mitteleuropa auf. Zwischen 1911 und 1984 wurden 170 Beben mit der Stärke 4 und höher registriert. Bei solchen Erschütterungen fallen Schornsteine und rutschen Ziegel vom Dach. Viel öfter aber wackelt nur die Wand und klirren die Gläser im Schrank. Eine Stärke zwischen 7 und 8 auf der Mercalli-Skala erreichten die drei Beben vom 16. November 1911, vom 28. Mai 1943 und vom 3. September 1978. Das Erdbeben von 1978 setzte eine Energie von nahezu 10 Millionen Kilowattstunden frei. 100 Millionen Mark Sach-

schaden entstanden. Auch der Zollern zitterte, und eine Bastion bröckelte.
Die Erdbebenherde liegen im Bereich des Zollerngrabens zwischen 5 und 12 Kilometer tief. Zu Erdbeben kommt es, wenn sich über längere Zeit aufgebaute Spannungen in der Erdkruste schlagartig lösen. Solche Spannungen entstehen, wenn Schollen der Erdkruste gegeneinander verschoben werden. Im Bereich des Hohenzollerngrabens wandert die nördliche Scholle mit größerer Geschwindigkeit nach Nordwesten als die südliche Scholle. Neben den Verschiebungen kommt es auch zu Zerrungen. Zwischen den beiden Schollen sank ein keilförmiges Stück der oberen Erdkruste etwa 100 Meter tief ein: Der Hohenzollerngraben bildete sich. Der Keil reicht zwei bis drei Kilometer in die Tiefe. An der Oberfläche ist der Keil und damit der Graben etwa 1500 Meter breit. Das Erdbebenzentrum wandert. Es hat sich im Laufe dieses Jahrhunderts aus der Ebinger Gegend nach Norden verlagert.

DEN SCHÖNSTEN BLICK auf den Zollern und auf das Albvorland, die bewaldeten Keuperberge und die fruchtbare Muschelkalkebene des Gäus bis hinüber zu den Buntsandsteinbergen des Schwarz-

Was aus der Luft wie eine Spielzeugburg aussieht, war als Festung ernst gemeint.

Das Standbild Friedrich des Großen auf dem Hohenzollern.

Vor der Albtafel mit dem Raichberg und dem Zeller Horn liegt der Hohenzollern als markanter Zeugenberg.

walds hat man vom Backofenfelsen aus. Das ganze südwestdeutsche Schichtstufenland liegt dem Betrachter hier zu Füßen. Mit etwas Phantasie vermag er sich wohl vorzustellen, daß der Buntsandstein des Schwarzwalds und der der nördlichen Vogesen einst durch die Schollen verbunden waren, die im Oberrheingraben abgesackt sind. Darüber lag der Muschelkalk, dessen Fortsetzung jenseits der Vogesen ansteht, höher noch der Keuper, und schließlich der Schwarze, der Braune und der Weiße Jura.

Vor 140 Millionen Jahren, gegen Ende der Jurazeit, begann sich ein weites Gebiet, das von Süddeutschland bis Westfrankreich reichte und im Norden bis zu den Ardennen, als flacher Schild zu heben. Das Jurameer zog sich zurück. Im Gebiet stärkster Hebung und Zerrung begann sich der Rheintalgraben einzusenken. Aufgrund des Gefälles, das dadurch entstand, setzte vom Rhein aus die Abtragung des Schichtstapels nach Osten und nach Westen ein. Im Nordschwarzwald ist auf den Höhen noch Buntsandstein erhalten. Im Südschwarzwald hat die Abtragung bereits das tiefergelegene Grund-

gebirge aus Granit und Gneis erfaßt. Der Trauf der Zollernalb ist inzwischen etwa 70 Kilometer weit vom Oberrheingraben entfernt.

DER ANSTIEG DER ALB ist drüben am Dreifürstenstein bis zum Roßberg hinauf geradezu lehrbuchhaft gegliedert: Der Braune Jura setzt mit dem weithin bewaldeten Opalinuston ein. Viele Mülldeponien liegen nicht zufällig in diesen weitgehend wasserundurchlässigen Tonen. Über einer ausgeprägten Stufe im mittleren Braunen Jura entwickelt sich eine Felderplatte. Auf ihr liegt Beuren unterhalb des Dreifürstensteins. Die Verebnung bildet sich in diesem Teil der Alb auf der Höhe von Braunjura Gamma und Delta.

Die Landwirtschaft früherer Zeiten hat um jeden Morgen Ackerland und Wiese gekämpft und den Wald selbst am Albtrauf weit hinauf verdrängt. Das sieht man bis heute. Nur die Steilhänge im Weißen Jura Beta mit ihren kahlen Rutschungsflächen und Trümmerhaufen der Bergstürze blieben ungenutzt. Die weite Weidefläche des Heufelds ist nicht zu sehen. Der Anstieg zur nächst höheren Stufe, dem Weißen Jura Delta, führt hinauf zum Roßberg, einem Restposten der einst zusammenhängenden Schichtfläche, einem Zeugenberg auf höherem Niveau. So gesehen entspricht er dem Hohenzollern, dessen Deckplatte allerdings ein „Stockwerk" tiefer liegt, in den Wohlgeschichteten Kalken des Weißen Jura Beta.

Der Raichberg liegt wie das Zeller Horn und der Zollern im Graben. Seine Türme stehen auf einer Kuppe im Weißen Jura Delta, 956 Meter hoch über dem Meer. Vom Albvereinsturm aus geht der Blick über die Alblandschaft im Süden mit Onstmettingen, dem Schmiechatal entlang bis Ebingen. An föhnigen Tagen sind die Schweizer Alpen zum Greifen nahe, den Hohenzollern allerdings sieht man nicht.

HANGENDE STEINE. Die hangparallelen Spalten, die am Backofenfels auffallen, ziehen hinüber zum Hangenden Stein. Dort werden sie breiter und breiter, die traufseitige Scholle liegt deutlich tiefer. Alte Bergsturzmassen liegen unten im Wald. Der Hangende Stein selbst ist durch eine große Spalte vom Albkörper getrennt. Hier wird der Besucher zum Zeugen der Rückverlegung des Albtraufs in Raten durch den Abbruch ganzer Schollen. Einer der größten Bergstürze aus jüngster Zeit ging im April 1983 bei Mössingen am Hirschkopf nieder.

Der ganze Albtrauf ist von Bergstürzen gesäumt. Manche bilden dank ihres harten Weißjuramaterials kleine Kegelberge im Vorland wie die Alte Burg bei Reutlingen. Vor allem im kalten, wechselhaften Klima der Eiszeit wurde der Trauf rasch zurückverlegt. In den letzten 10 000 Jahren hat sich das Tempo der Abtragung der Alb durch Bergstürze verlangsamt. Der Wald ist zurückgekehrt und schützt die Hänge. Ein Glück für die Alb und den Albverein!

„GEIFITZE" heißt der Quellsumpf der Schmiecha ein Stück westlich vom Raichberg. Er hat seinen Namen vom Geifitz, dem Kiebitz, der hier früher brütete. Die Schmiecha hat nicht die Kraft, um ein Tal dieser Größe zu formen. Auch sie kam einst von weiterher und hatte ein großes Einzugsgebiet jenseits des Albtraufs. Jene Ur-Schmiecha hat gegen die Eyach und ihre Seitenbäche den kürzeren gezogen. Jetzt sammelt sich nur noch das Wasser, das aus den verkarsteten Riffkuppen in der Nähe stammt, in der Talmulde. Das Gefälle in Richtung Onstmettingen ist so gering, daß der kleine Bach das Tal nicht mehr freizuhalten vermag. Es versumpft und vermoort. Genau deshalb ist es schützenswert, denn Moore auf der Alb sind selten. Sie sind nicht nur ein ungewöhnlicher Lebensraum mit Pflanzen und Tieren, die es sonst auf der trockenen, kalkreichen Alb kaum gibt, sondern zugleich ein Archiv, denn im sauren Moor sind die Reste der Pflanzenwelt der Nacheiszeit erhalten geblieben.

Ein paar Naturschutztafeln und Zäune am Bach, an der Quelle und um ein paar saure Wiesen reichen nicht aus für den Schutz dieses eigentümlichen Landschaftselements. Da müßte schon der Bauer, der dort wirtschaften muß, den Schutz der Natur zum Beruf machen können.

Ganz ohne Zäune geht es aber nicht, wenn man Mensch und Vieh davon abhalten will, Gelben Enzian zu rupfen. So schützt man am Raichberg diese sehr selten gewordene Pflanze. Bisher hat es geholfen. Hier halten sich selbst die „Schäufeleswanderer" zurück, denen keine Pflanze selten genug ist, um sie auszugraben, weil sie sich nicht vorstellen können, daß es einer Pflanze irgendwo besser gehen könnte als in ihrem Vorgärtle. Hoffentlich unterlassen sie es nicht nur, weil ein Naturschützer mit dem Fernglas am Waldrand steht.

Blick vom Raichbergturm auf das Schmiechatal mit den Teilgemeinden von Albstadt: Onstmettingen, Tailfingen, Truchtelfingen.

Schutz für den Gelben Enzian, notfalls durch einen Zaun.

Im Steinbruch bei Hülben sind die Unteren Felsenkalke des Weißen Jura Delta aufgeschlossen. Die Glaukonitbank trennt Delta 3 von Delta 4. Die dickbankigen Quaderkalke werden seit 1972 amtlich als „Mittelkimmeridge-Kalke" bezeichnet.

An der Hülbener Steige sind die grauen Mergel und Mergelkalke des Weißen Jura Gamma, die „Kimmeridge-Mergel", angeschnitten. Darüber liegen die untersten Schichten des Weißen Jura Delta.

Am Trauf des Dreifaltigkeitsberges sind die Wohlgeschichteten Kalke des Weißen Jura Beta, die „Oxford-Kalke" mit ihrer gleichförmigen Schichtenfolge, zu sehen.

Ein Denkmal für Quenstedt

„KENNEN SIE FRIEDRICH AUGUST QUEN- STEDT?" Die Frage des Reporters ist eindeutig, nicht so die Antworten: „Sächsischer König, genannt der Starke", „Der hat wohl die Schwäbische Alb erfunden?", „Noi, der muß vom Albverein gwesa sei, auf em Roßberg stoht nemlich sei Denkmal.", „Da war doch was mit dem Jura, Alpha, Beta, Gamma und so weiter."

Das Denkmal des Tübinger Professors für Naturgeschichte, der Mitte des letzten Jahrhunderts an der dortigen Universität lehrte, steht tatsächlich auf dem Roßberg, und mit dem Jura hat er sich in der Tat intensiv beschäftigt. Von ihm stammt die Einteilung „schwarz, braun und weiß" für die drei auch landschaftlich klar erkennbaren Abschnitte des Schwäbischen Juras. Quenstedt, dem als humanistisch Gebildetem das griechische Alphabet nahelag, gliederte die drei Juraabschnitte in jeweils sechs Unterabschnitte, die er mit den ersten sechs Buchstaben des griechischen Alphabets von Alpha bis Zeta „durchnumerierte".

Der Begriff „Jura" allerdings stammt nicht von ihm. Er geht auf Alexander von Humboldt zurück, der von den Gesteinen des Schweizer Jura ausgehend diesen Begriff auf Ablagerungen der gleichen Zeit ausdehnte.

Die Jurazeit folgte vor 195 Millionen Jahren der Triaszeit; sie endete vor 145 Millionen Jahren. Es folgten die Kreidezeit, die vor 65 Millionen Jahren endete, und das Tertiär, das man vor rund zwei Millionen Jahren enden läßt. Danach kamen das Eiszeitalter und die Nacheiszeit.

Geologisch gesehen, gehört die Jurazeit zusammen mit der älteren Triaszeit und der jüngeren Kreidezeit zum Erdmittelalter. Unser Raum war damals von einem warmen, subtropischen Meer bedeckt, einem Randmeer der weltumspannenden Thetis, des Urmittelmeers.

IM HINTERKOPF. Heute gerät Quenstedts Einteilung gegenüber der internationalen Nomenklatur, die von Lias, Dogger und Malm spricht, ins Hinter- treffen. Die schwäbischen Geologen werden dennoch immer ihren Quenstedt im Hinterkopf haben, wenn sie seiner klaren Einteilung folgend die Alb erklimmen. Eine der klassischen geologischen Exkursionen führt vom Bahnhof in Nehren auf den Roßberg. Wie's beliebt: durch Schwarzen, Braunen und Weißen Jura oder durch Lias, Dogger und Malm. Am Ende steht jeder vor Quenstedt auf Weißem Jura Delta.

Die Kuppe des Roßbergs erhebt sich als Auslieger des Weißen Jura Delta über die Fläche des Heufelds, die vom Weißen Jura Beta gebildet wird.

Friedrich August Quenstedt (1809–1889) gliederte den „Schwäbischen Jura".

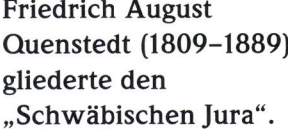

ζ_3	Hängende Bankkalke	
ζ_2	Obere Weißjuramergel oder Zementmergel	
ζ_1	Liegende Bankkalke	Kimmeridge-Kalke
ϵ_2 / ϵ_1	Obere Felsenkalke	
δ_4 / δ_3 / δ_2 / δ_1	Untere Felsenkalke	
γ_3 / γ_2 / γ_1	Mittlere Weißjuramergel oder Kimmeridge-Mergel	
β_2 / β_1	Wohlgeschichtete Kalke oder Oxford-Kalke	
α_2	Untere Weißjuramergel oder Oxford-Mergel	
α_1		

Des Dichters Burg und Höhle

Das romantische Schloß Lichtenstein vor dem Abendhimmel.

Wilhelm Hauff (1802–1827) schrieb Gedichte, Märchen und Romane. Nur wenige Jahre blieben dem genialen Dichter für seine Arbeit.

EISKALT fegt der Wind von Osten über die Albhochfläche heran, bricht sich im tiefen Honauer Tal und an den Felsen, die das Denkmal von Wilhelm Hauff tragen. Die Silhouette des so schwäbisch fühlenden Dichters steht wie ein Scherenschnitt gegen den hellen Winterhorizont. Jenseits des Tales der Traifelberg, ein Paradariff, wie zur Präsentation angeschnitten. Seinen Sockel bildet eine lange Reihe massiger Felsen im Weißen Jura Delta. Gekrönt wird die Kuppe von Massenkalken des Weißen Jura Epsilon.

Im Süden geht das 250 Meter tief eingeschnittene Tal der Echaz unvermittelt in ein breites Hochtal über. Dieses Tal hat ein Fluß geschaffen, der noch im Tertiär von einer Albhochfläche kam, die über dem heutigen Albvorland weit nach Nordwesten reichte. Der Neckar und seine Nebenflüsse haben seither große Teile der Alb abgetragen und dabei den Oberlauf der Ur-Lauter und ihrer Quellflüsse „geköpft", wie der Geologe sagt.

Hinter dem Traifelberg schmiegt sich Holzelfingen in eine flache Mulde. Am Westhorizont erhebt sich bei St. Johann die Kuppe der Hohen Warte mit ihrem Turm. Bei Pfullingen scheinen Übersberg und Ursulaberg das Echaztal zu sperren. Den äußersten Vorposten bildet die Achalm.

DAS IST DIE LANDSCHAFT WILHELM HAUFFS, die er in seinem Roman „Lichtenstein" so hingebungsvoll beschreibt. In dieser romantischen Sage aus der württembergischen Geschichte treffen sich reale und frei erfundene Personen. Der Ritter Georg von Sturmfeder wandelt sich zum Freund des vertriebenen Herzogs Ulrich von Württemberg. Überdies liebt er Marie von Lichtenstein und kaum weniger die herrliche Aussicht vom Schloß:

„Die Sonne war über die Berge heraufgekommen, die Nebel fielen, Georg trat ans Fenster, die herrliche Aussicht zu genießen. Unter den Felsen von Lichtenstein wohl dreihundert Klafter tief, breitet sich ein liebliches Tal aus, begrenzt von waldigen Höhen, durchschnitten von einem eilenden Waldbach, drei Dörfer liegen freundlich in der Tiefe; dem Auge, das in dieses Tal hinabsieht, ist es, als schaue es aus dem Himmel auf die Erde. Steigt das Auge vom tiefen Tale aufwärts an den waldigen Höhen, so begegnet es malerisch gruppierten Felsen und den Bergen der Alb, hinter dem Bergrücken steigt die Burg Achalm hervor, und begrenzt die Aussicht in der Nähe. Aber vorbei an den Mauern der Achalm, dringt rechts und links das Auge tiefer ins Land. Der Lichtenstein liegt den Wolken so nahe, daß er Württemberg überragt. Bis hinab ins tiefste Unterland können frei und ungehindert die Blicke streifen. Entzückend ist der Anblick, wenn die Morgensonne ihre schrägen Strahlen über Württemberg sendet. Da breiten sich diese herrlichen Gefilde wie ein bunter Teppich vor dem Auge aus; in dunklem Grün, in kräftigem Braun der Berge beginnt es, alle Farben und Schattierungen sind in diesem wundervollen Gewebe, das in lichtem Blau sich endlich mit der Morgenröte verschmilzt. Welche Ferne von Lichtenstein bis Asperg, und welches Land dazwischen!"

Von der ländlichen Anmut des Echaztales ist nicht allzuviel geblieben. Auch dieses Tal füllen die Siedlungen mehr und mehr. Wie lange wird es noch dauern, bis sich die Lücke zwischen Pfullingen und Unterhausen schließt und endlich die Millionen-

Romantisch verspielt ist der Lichtenstein. Ein Dichter stand Pate.

stadt vom Neckar bis an die Honauer Steige reicht? Eingemeinden läßt man sich hier allerdings nicht so gern. Das haben die Reutlinger zu spüren bekommen, als sie im Überschwang der Nachkriegsjahre die Dörfer und die Stadt Pfullingen vereinnahmten. Die Trabanten wagten den Aufstand und verabschiedeten sich von der großen Kreisstadt. „Lichtenstein" nennen sich heute die vereinigten Dörfer im Tal. Weiter oben, hinter dem Lichtenstein, hat man sich für „Sonnenbühl" entschieden. Ganz einfach und übersichtlich ist jetzt alles. Noch einfacher hätten es wohl gern die Prospektemacher vom Verkehrsverein: Wollte man ihnen folgen, dann hieße nämlich die ganze Gegend ab sofort „Schwalb". Ein wahrhaft genialisches Kürzel. Einfach „schwalbmäßig"! Der Schwarzwald wird's erwarten können, der „Schwald", und der „Bosee" auch …

ROMANTIK. Was für den Bayern Neuschwanstein, für den Preußen der Hohenzollern, das ist für den Württemberger der Lichtenstein. Kleiner zwar, aber nicht weniger romantisch. Kein Wunder, schließlich war Wilhelm Hauff, der romantische Dichter, der geistige Vater des Traumschlosses. So wie er sich den Lichtenstein in seinem Roman von

1826 ausdachte, wurde er in den vierziger Jahren des letzten Jahrhunderts im Auftrag des Herzogs Wilhelm von Urach, Graf von Württemberg und Vetter von König Wilhelm I., gebaut.

Als stolze mittelalterliche Burg mit Zugbrücke, Toren und Bastionen, Wendeltreppen, einem Saal mit hohen gotischen Fenstern und einem mächtigen Turm beschrieb Hauff den Lichtenstein: „Wie das Nest eines Vogels auf die höchsten Wipfel einer Eiche oder auf die kühnsten Zinnen eines Turmes gebaut, hing das Schlößchen auf dem Felsen. Es konnte oben keinen sehr großen Raum haben, denn außer einem Turm sah man nur eine befestigte Wohnung, aber die vielen Schießscharten im unteren Teil des Gebäudes, und mehrere weite Öffnungen, aus denen die Mündungen von schwerem Geschütz hervorragten, zeigten, daß es wohlverwahrt und trotz seines kleinen Raumes eine nicht zu verachtende Feste sei; und wenn ihm die vielen hellen Fenster des oberen Stockes ein freies, luftiges Ansehen verliehen, so zeigten doch die ungeheuren Grundmauern und Strebepfeiler, die mit dem Felsen verwachsen schienen, und durch Zeit und Ungewitter beinahe dieselbe braungraue Farbe wie die Steinmasse, worauf sie ruhten, angenommen hatten, daß

Das Echaztal hat sich tief eingeschnitten. Dörfer füllen den Talgrund. Vorne das geköpfte Tal der Ur-Lauter, links am Hang der Lichtenstein, rechts der Traifelberg (linkes Bild).

101

Hoch auf dem Fels, wie verwunschen, das Schloß.

Eines der prächtigen Glasfenster auf dem Lichtenstein. In der Mitte: das herzogliche Wappen.

es auf festem Grund wurzle, und weder vor der Gewalt der Elemente noch dem Sturm der Menschen erzittern werde. Eine schöne Aussicht bot sich schon hier dem überraschten Auge dar, und eine noch herrlichere, freiere, ließ die hohe Zinne des Wartturms und die lange Fensterreihe des Hauses ahnen."

Der kühne Schwung, mit dem Fels und Schloß in die Höhe streben, ist atemberaubend. Doch trotz der starken Mauern und der vielen Bastionen wirkt das Ganze recht verspielt. Das „Liliputformat" der Festungsteile bemerkt man erst beim zweiten Hinsehen: Die Schießscharten liegen so dicht beieinander, daß kein Platz für Verteidiger bliebe. Und wo sollten die Kanonen stehen? Solche Bastionen haben allenfalls Platz für eine gemütliche Stube. Einen Traum, ein Männerspielzeug hat sich Herzog Wilhelm auf den Fels zaubern lassen. Kein Gedanke an Krieg und Belagerung, vielmehr an frohe Feste hinter der hochgezogenen Brücke.

DIE BURG AUF DEM RIFF. Wilhelm Hauff war gewiß kein Geologe, aber ist es ein Zufall, daß er sich in seinem Roman um die Darstellung erdgeschichtlicher Zusammenhänge bemüht? So ist im „Lichten-

stein" zu lesen: „Wie ein kolossaler Münsterturm steigt aus einem tiefen Albtal, ein schöner Felsen, frei und kühn, empor. Weitab liegt alles feste Land, als hätte ihn ein Blitz von der Erde weggespalten, ein Erdbeben ihn losgetrennt oder eine Wasserflut vor uralten Zeiten, das weichere Erdreich ringsum von seinen festen Steinmassen abgespült."

Ein Blitz war es nicht, auch kein Erdbeben und nicht die große Wasserflut. Der stete Tropfen war's, der den Stein höhlte, der das harte Felsenriff aus der weicheren Umgebung herauspräpariert hat und der Regen, der den Hang wegspülte. Hauff setzt sich mit seiner Schilderung klar von der damals landläufigen Vorstellung ab, nach der Felsen und Berge irgendwie aufgetürmt worden sind. Der Münsterturm dient ihm als Vergleich für die Höhe, nicht aber als Bild für die Entstehung des Felsens. Er konnte damals noch nicht wissen, daß der Fels rund 150 Millionen Jahre alt ist und als Teil eines Riffs entstand, gebildet von kalkabscheidenden Algen, Schwämmen, Austern, Muscheln, Schalen und Skelettresten unzähliger kleiner und großer Tiere. Rings um die harten, massigen Teile des Riffs wurde Schutt und Kalkschlamm abgelagert. Im Verlauf von Jahrmillionen ist daraus fester Stein geworden.

Als später das Meer zurückwich und Südwestdeutschland sich zu heben begann, setzte die Abtragung des Festlandes ein. Je höher es herausgehoben wurde, umso stärker war die Abtragung. So ist dies bis heute. Inzwischen sind die Riffe vom Lichtenstein und vom Traifelberg an die Abtragungsfront, den Albtrauf, geraten. Jetzt ist 800 Meter über dem heutigen Meeresspiegel der Blick ins Riff aus dem warmen Jurameer frei – und das ganz ohne Taucherbrille am Rande des Echaztals.

Was einem „Juraschnorchler" an Ammoniten hätte begegnen können, hat Eberhard Fraas um 1903 in die geologische Pyramide hinter dem Hauffdenkmal einmauern lassen. Gelegentlich wäre wohl ein belemnitenjagender Ichthyosaurier vorbeigeschwommen und ein Meereskrokodil. Auch mit Haien hätte der Taucher schon rechnen dürfen. Die vielen kleinen farbigen Korallenfische allerdings gab es noch nicht, auch keine Delphine und Bartenwale. Was den Südseefreund aber besonders schmerzen dürfte: Schattenspendende Palmen standen auch noch nicht am sonnigen Strand des Jurameeres.

DIE LICHTENSTEINE. Die Burgenbauer hatten es nicht leicht. Fundamente für ihre Burgen lieferten die Felsen der Alb zwar im Überfluß, einen so uneinnehmbaren Platz allerdings wie auf dem freistehenden Felsklotz hoch über einem wichtigen Handelsweg gab es auch hier nicht an jeder Ecke. Schon vor 1150 wurde von Dienstmannen der Grafen von Gammertingen-Achalm eine erste Burg auf dem Felsen errichtet, der heute noch das Schloß trägt. Eine zweite Burg, merkwürdigerweise „Alt-Lichtenstein" genannt, entstand 50 Jahre später. Ihre Reste zieren einen benachbarten Fels.

Gleich zweimal erobert und zerstört wurden die beiden Honauer Lichtensteine während der Auseinandersetzungen zwischen Württemberg und Reutlingen: erstmals im Reichskrieg 1311 und erneut im Städtekrieg zwischen 1377 und 1388. Die Ritter von Lichtenstein waren Parteigänger der Württemberger, ihre Burgen deshalb eine Bedrohung für Reutlingen. Im Friedensschluß mit den Städten wurden die Lichtensteine dennoch den Württembergern zugesprochen. Alt-Lichtenstein ließ man in Trümmern liegen. Die Burg auf dem hohen Fels wurde wiedererrichtet, sie blieb jedoch bedeutungslos. Schon im 16. Jahrhundert diente sie nur noch als Wohnung eines nichtadligen Forstknechts. Erst Herzog Friedrich II. von Württemberg, später Kur-

fürst und schließlich König von Napoleons Gnaden, erweckte die Burg aus ihrem Dornröschenschlaf. Er ließ den oberen, baufälligen Teil abreißen und durch einen Fachwerkbau ersetzen. In diesem Jagdhaus nächtigte er anläßlich seines Besuches der Nebelhöhle im August 1803. Zu seinen Ehren wurde „das Nebelloch mit Fackeln erleuchtet, und vor daselbe zu Ehren des gnädigen Fürsten eine steinerne Pyramide in Silberfarbe gestrichen und mit goldener Begrüßungsinschrift angebracht".

Begeistert von Wilhelm Hauffs Roman kaufte Herzog Wilhelm von Urach 1837 das königliche Jagdhaus, ließ es abreißen und das Schloß in seiner heutigen Form errichten. Manches daran erinnert an die alte württembergische Burg mit mächtigem Turm. „Donjonartige Wehranlage" wird dies in Fachkreisen genannt.

U.H.Z.W.U.T stand auf dem Ring, den Hauffs unbekannter Ritter in der Nebelhöhle Georg von Sturmfeder schenkte. **U**lrich, **H**erzog **z**u **W**ürttemberg **u**nd **T**eck war's, der sich dort verbarg. So will es zumindest der Roman. In das verklärte Bild vom vertriebenen Herzog paßt die Geschichte gut, nur mit der historischen Wirklichkeit stimmt sie nicht über-

Irrational romantisch ist die Erinnerung vieler Württemberger an den schlimmen, mutigen, schließlich aber landesväterlichen Herzog Ulrich (1498–1550). Holzschnitt von Hans Brosamer.

Solange die Nebelhöhle mit Fackeln beleuchtet wurde, schwärzte ihr Ruß die Tropfsteine. Seit es hier elektrisches Licht gibt, überkrustet junger, weißer Sinterkalk den dunklen Stalaktiten, die Kanzel.

Auch Algen und Moose stellen sich seither in der Nähe der Lampen ein.

ein. Auch die Gestalt des getreuen Pfeifers, der seinen Herzog erst unter den Rätsandsteinblöcken der Ulrichshöhle bei Hardt versteckte und später zwischen den Tropfsteinen in der Nebelhöhle, ist nicht historisch verbürgt. Die Höhlen allerdings gibt es, und in der Nebelhöhle wird, wie könnte es auch anders sein, ein Seitengang als „Ulrichshöhle" vorgezeigt.

ZU KALT UND ZU FEUCHT ist die Nebelhöhle im übrigen, um einen Flüchtling auf Dauer zu beherbergen. Ihre Temperatur schwankt nur wenig um einen Mittelwert von 9,5 Grad Celsius; bei einer Luftfeuchtigkeit von 98 Prozent kein Klima für Herzöge. Schimmelpilze und winzige Insekten fühlen sich hier eher wohl. Sie gibt es tatsächlich in der Höhle. Die hüpfenden weißen Stäubchen auf manchen Wasserpfützen und Tropfsteinen sind Urinsekten, Springschwänze genannt, weil sie sich mit ihrer Schwanzgabel abschnellen und so davonhüpfen können. Die Winzlinge fressen noch Kleineres: eingewehte Pollen und staubfeine Pflanzenreste. Sie sind Dauerbewohner im lichtlosen Untergrund, im Gegensatz zu den Fledermäusen, Schmetterlingen, Mücken und Fliegen, die sich nur vorübergehend in den Schutz der Höhle begeben.

Winterschläfern wie den Fledermäusen bietet eine Höhle viele Vorteile: Im Winter, wenn draußen die Welt im Frost erstarrt, ist es hier verhältnismäßig warm. Die hohe Luftfeuchtigkeit verhindert, daß die Tiere im Schlaf austrocknen, und überdies ist es ruhiger und sicherer in der Unterwelt. Die Fledermäuse müssen allerdings ihre Energiereserven für die Wintermonate mitbringen. Das fällt ihnen nicht schwer, solange sie in der warmen Jahreszeit draußen genug Insekten jagen können.

Die Dauerbewohner, die echten Höhlentiere, sind Hungerkünstler. Sie müssen im wesentlichen mit dem auskommen, was aus der Oberwelt in die Höhlen gerät. Seit die Nebelhöhle allerdings zur Schauhöhle geworden ist, sind auch für die Höhlenbewohner fettere Zeiten angebrochen.

LAMPENFLORA. Solange die Höhle nur gelegentlich mit brennenden Kiefernzweigen und Fackeln und beim Besuch seiner Durchlaucht mit feinen Kerzen beleuchtet wurde, wurden zwar die Höhlenwände und die Tropfsteine schwärzer, lichtabhängige Pflanzen stellten sich aber erst ein, als 1922, einige Jahre nach der Entdeckung der „Neuen

Der abgesägte Tropfstein aus der Nebelhöhle zeigt Zuwachsringe, die an Jahresringe eines Baumes erinnern. Allerdings werden Tropfsteine dieser Größe nicht in Jahrzehnten und Jahrhunderten, sondern im Verlauf von Jahrtausenden gebildet.

Nebelhöhle", eine elektrische Beleuchtung installiert wurde.

Klaus Dobat vom Botanischen Garten in Tübingen hat die lichtbedingten Veränderungen in der Nebelhöhle eingehend untersucht. Die Lampenflora bildet ein eigenes Ökosystem. Am weitesten vom Licht entfernt wachsen nur sehr anspruchslose Algen. Näher zur Lampe hin folgen Spaltzahnmoose, die ihre Blättchen so ausbreiten, daß sie möglichst viel Licht einfangen können. In dieser Zone kommen auch Farnvorkeimlinge hoch. In der Nähe des Lichts entwickelt sich ein Rasen aus verschiedenen Moosarten, gelegentlich steht ein kleiner Streifenfarn dazwischen. Unmittelbar an der Lampe ist es für alle zu heiß und zu trocken. Am Höhleneingang kann man eine vergleichbare Pflanzengesellschaft antreffen. Wobei dort im äußersten, hellsten Bereich weitere Farnarten und eine Reihe von Blütenpflanzen hinzukommen.

DIE NEBELHÖHLE begann sich am Ende der Tertiärzeit aus einem wasserdurchflossenen Hohlraumsystem zu entwickeln, das den vorgegebenen Bruchfugen und Klüften im Fels folgte. Zunächst bewegte sich das Karstwasser in diesen engen Klüften nur langsam in Richtung auf die Donau und ihre Nebenflüsse zu.

Karstwasser löst, solange es überschüssiges Kohlendioxid enthält, den kohlensauren Kalk, der im wesentlichen den Kalkfels bildet. Die wegsamsten Spalten werden zu Röhren ausgeweitet. Schließlich entstehen immer größere, wassererfüllte, auf- und

absteigende Hohlraumsysteme. Noch heute erkennt man derartige Röhrenformen an der Höhlendecke und nicht selten auch kuppelartige Auflösungsnischen. Solche Deckenkolke entstehen durch Wasserwirbel, aber auch durch die Beimischung von Kluftwasser mit einem höheren Gehalt an Kohlendioxid.

Später, als die Flüsse auf der Alb sich mehr und mehr eintieften, stellte sich auch das Karstwasser auf die tiefer gelegten Talsohlen ein. Die höher gelegenen Höhlenteile verloren ihren Bach. In der Tiefe suchte sich das Wasser neue Wege. Schließlich blieben der Schutt und die Blöcke, die von der Decke fielen, im Höhlenraum liegen. Tropfsteine begannen sich zu bilden.

EIN AUFGESÄGTER TROPFSTEIN zeigt, wie diese mächtige Tropfsteinsäule rhythmisch gewachsen ist, vergleichbar einem Baum mit seinen Jahresringen. Welcher Zeittakt allerdings hinter dem Tropfsteinwachstum steckt, ist nicht schlüssig geklärt. Wahrscheinlich sind es einigermaßen regelmäßige, kurzfristige Klimazyklen. Beim Nebelhöhlentropfstein kann man sich mit der Forschung noch etwas Zeit lassen, da die untere Hälfte der Tropfsteinsäule erhalten geblieben ist. In der Höhle ist der Stein zur Attraktion geworden. Noch mehr als die obere Hälfte, die in dünne Scheiben zersägt und wie Furnierholz verlegt, zusammen mit vielen anderen schmucken Steinen aus Württemberg den Treppenaufgang und den Marmorsaal im Neuen Schloß zu Stuttgart ziert.

Rund ums Riff

DAS RIFF. Himmelstürmende Bergriesen gibt es nicht auf der Schwäbischen Alb, dafür den Römerstein und den Sternberg und noch einige weitere schöne Kuppen, wie es sich für die „Kuppenalb" gehört.

Eine lange Entwicklung hat der Sternberg hinter sich. Es gab ihn schon im warmen flachen Jurameer vor 150 Millionen Jahren. Damals als Riffkuppe von Fischen, Sauriern und Meereskrokodilen umschwärmt. Mehr als 1000 Meter wurde dieses Riff seither herausgehoben und dabei ein gutes Stück weit abgetragen, bis schließlich die Verkarstung der Riffkuppe die oberflächliche Abtragung in den Untergrund verlegte. So blieb die Gestalt der Kuppe weitgehend erhalten. Im Miozän, der feurigen Zeit der Schwäbischen Alb, floß Lava am Sternberg. Auf dem Höhepunkt der Rißeiszeit könnte sich sogar ein kleiner Gletscher an der Nordwestflanke des 844 Meter hohen Bergs gebildet haben.

Der Weg zum Riff führt längst nicht mehr durchs Wasser, man geht ganz auf dem Trockenen und sehr gemächlich entweder auf dem Albvereinsweg oder auf einem Holzabfuhrweg bergan zum Aussichtsturm. Im Wald wird gesägt und gearbeitet, schließlich ist Feierabend: „Ja, mr miaßet halt, sonscht zahlt ons dr Käfer onser Faulheit hoim." An Sprüchen fehlt es nicht, wenn die Lage des Waldes beschrieben werden soll. Nachdem ein Orkan über das Land zog, liegen die Bäume kreuz und quer. Ein alter Bauer blinzelt in der Frühlingssonne und meint von seinem Traktor herab: „Gell, 's Schaffa sieht oifach schee aus, überhaupt em Wald!" Recht hat er.

KALK UND DOLOMIT. Am Fahrweg ist der massige, sandig rauhe Fels, der die Kuppe des Sternbergs bildet, aufgeschlossen. Aus dem porösen Riff mit seinen Hohlräumen wurde ein kompakter, über hundert Meter mächtiger dolomitreicher Felsklotz. Skelette und Schalen von Schwämmen, Seeigeln, Ammoniten, Muscheln und Fischen gingen durch Umkristallisierung weitgehend verloren. So ist das Sternbergriff mineralischer als das Jurariff von einst.

Dolomitisierter Massenkalk und tertiärer Basalt bauen die Kuppe des Sternbergs auf. Auffällig ist das tiefe Tal an seiner Westflanke.

Ein Korallenriff im warmen Meer vor der Insel Mauritius.

Im Sommer blüht das Rote Waldvögelein, ein Orchideengewächs, im Wald. Es ist, wie alle Orchideen, streng geschützt.

Manchmal sind dünne, dem Riff angelagerte, blättrige Schichten zu sehen, die mitunter kleine Falten bilden. Dort wurde am Rand des Riffs feinster Kalkschlick abgelagert, der gelegentlich abrutschte und sich dabei zusammenschob. Das Riff entwickelte sich von Weißjura Delta bis zu Epsilon hinauf, in seinen höchsten Bereichen sogar bis zum Weißen Jura Zeta. Im dolomitisierten Riff ist eine saubere zeitliche Zuordnung schwierig. Es fehlt ganz einfach an Fossilien. Zwischen den Felsstümpfen entdeckt man gelegentlich eine aufgelassene Sandgrube. Hier wurde ein ganz besonderer Sand als Bausand gegraben. Er besteht nicht aus Quarzkörnchen, sondern im wesentlichen aus scharfkantigen, spitzen Dolomitkristallen. Dolomit ist ein Calcium-Magnesium-Carbonat, das sich im Laufe der Umkristallisation des Gesteins durch Magnesiumzufuhr aus dem ursprünglichen Calciumcarbonat gebildet hat. Der bekannte Geologe Eugen Seibold weist darauf hin, daß die Bedingungen, die zur Dolomitbildung führen, derzeit im warmen Flachwasserbereich des südlichen Persischen Golfes anzutreffen sind.

Im anstehenden Fels gibt es neben Dolomit immer noch reinen Kalk. Kalk verwittert schneller als Dolomitkristalle. Er wird um die spitzen Kristalle herum aufgelöst, daher ist der dolomitische Fels rauh wie Schmirgelpapier. Wenn der Kalk schließlich verschwunden ist, bleibt Dolomitsand übrig. Die Mühe allerdings, im Wald nach gelblichem Bausand zu graben, macht sich heute keiner mehr.

AUSBLICK. Auf dem Gipfelplateau des Sternbergs hat der Schwäbische Albverein ein Wanderheim errichtet. Vom Turm eröffnet sich ein Rundblick über die Albhochfläche: Im Norden sieht man bis zum Neuffen und zur Teck, weiter östlich liegt Münsingen, näher am Sternberg – in einem Seitental der Lauter, dem Dolderbachtal – Schloß Grafeneck. Im Süden grüßt der Bussen von Oberschwaben herüber, bei klarem Wetter sind sogar die Alpen von Österreich bis in die Schweiz zu sehen. Den Westhorizont beherrschen der Gönninger Roßberg und die Salmendinger Kapelle. Am Fuß des Sternbergs, im breiten Tal, liegt Offenhausen mit der Quelle der Großen Lauter. Ein Stück talabwärts Marbach und das Württembergische Haupt- und Landesgestüt.

DIE GROSSE LAUTER ist merkwürdig klein, gemessen an einem Tal, in das eher der obere

Am Riffrand bildeten sich dünnbankige Kalkschichten.

Der Dolomitfels ist löchrig. Gelblicher Sand aus Dolomitkriställchen rieselt aus den Höhlungen.

Neckar hineinpassen würde. Ein Fluß vergleichbarer Größe dürfte einst vom Vorland her durch dieses Tal zur Donau geflossen sein. Georg Wagner, der Altmeister der Flußgeschichte, hat solche Zusammenhänge aufgedeckt und das tertiäre Flußsystem rekonstruiert.

Inzwischen ist der Oberlauf jener Ur-Lauter dem Neckar zum Opfer gefallen, dem Fluß mit dem größeren Gefälle zum Rhein hin. Über dem Honauer Tal an der Station „Lichtenstein" der ehemaligen Zahnradbahn hat der Neckarnebenfluß Echaz, wie erwähnt, die Ur-Lauter „geköpft". Seither ist der Talabschnitt bis Offenhausen wasserlos.

LAVA. Am Sternberg liegt einer der berühmten Schlote des „Schwäbischen Vulkans". Er förderte nämlich nicht nur Lockermaterial, sondern richtige Lava, die zu einem kompakten, dunklen Gestein, sogenanntem Melilithbasalt, erstarrte. Auffällig sind die faust- bis kopfgroßen, kugeligen Brocken, die diese Lava bildete. Das „Sternenbrünnele" ist mit solchem Lava-Gestein eingefaßt. Wer den anstehenden Basalt sehen will, muß sich auf dem Weg zum Brünnele linker Hand in die Büsche schlagen. Dort liegt der aufgelassene, überwucherte Basaltbruch

aus der Zeit, in der man meinte, mit diesem harten Gestein ein Geschäft machen zu können.

Der Brunnen liegt auf 810 Meter. Das ist für einen Wasseraustritt in diesem Teil der Alb ungewöhnlich hoch. Die wasserstauende Füllung des Vulkanschlots, der immerhin 200 Meter Durchmesser aufweist, ist für die Quelle verantwortlich. Das Wasser läuft stetig, wenn auch nicht besonders stark. Kaum 50 Meter unterhalb des Wasseraustritts, wo das Bächlein den vulkanischen Grund verläßt, versickert es in den Klüften des verkarsteten Massenkalks, der den Schlot rings umgibt.

Ein großes, tief ausgeräumtes Tal zieht den Nordwesthang nach Offenhausen hinab, obwohl es dort keinen Bach gibt. Ringsum im Wald stehen schroffe Dolomitstotzen. Sie wurden in Zeiten starker Verwitterung als Härtlinge aus dem Riffkalk herauspräpariert. Während der Kaltzeiten der Eiszeit war die Verwitterung am stärksten, vor allem in Eisnähe, wo die Temperaturen häufig um den Nullpunkt schwankten. Der abgesprengte Schutt dürfte unter ständigem Gefrieren und Auftauen talabwärts gekrochen sein. Dabei räumte er das Tal aus. Vielleicht spielte auch der kleine Gletscher eine Rolle.

Diese Dolomitstotzen am Westhang des Berges wurden als Härtlinge herauspräpariert.

Hengstparade in Marbach

EIS AM STERNBERG? Während der Kaltzeiten war der Berg wie die übrige Albhochfläche kahl. Der Wind trieb den Schnee über die Flächen. An den Nordhängen der höheren Berge bildeten sich Firnfelder. Die hochgelegenen Wasseraustritte am Sternberg lieferten vor allem während der Schneeschmelze Quelleis, vergleichbar den Verhältnissen im Nordschwarzwald. Dort liegen in entsprechender Meereshöhe die Kare von Mummelsee (1030 m), Wildsee (844 m) und Buhlbachsee (780 m), um nur einige zu nennen. Hier konnte sich an den Quellhorizonten im Unteren Buntsandstein Eis bilden und die Kargletscher verstärken.

HENGSTPARADE. Was wären Offenhausen, Gomadingen und Marbach ohne das Gestüt? Verträumte Dörfer auf der Alb, abseits der großen Verkehrsachsen, ohne Bahnanschluß und Autobahnausfahrt. Auch wenn es hier Neubaugebiete gibt – vor allem für Leute, die in der Stadt arbeiten und auf dem Land mehr Ruhe haben wollen, als es dort jemals gab und geben wird – und das eine oder

andere Fabrikle, alles hält sich sehr im Rahmen. Wenn jedoch die Tage der Hengstparade näher kommen, dann trifft sich im stillen Tal die große Welt: Minister, Fachleute und Pferdenarren geben sich und dem „Württemberger Warmblut" die Ehre. Auf den kalkreichen, harten Böden der Alb gedeihen prächtige Pferde feinster Abstammung.

FRÜH BESIEDELT. Für den frühen Bauern der Jungsteinzeit, Bronzezeit und Eisenzeit scheint dieser Teil der Alb sehr attraktiv gewesen zu sein. Das Land der trockenen Böden, der lichten Wälder bot vor allem in der Nähe der Flüsse ideale Wohnplätze. Reiche Funde belegen dies. In den Grabhügeln am Südwestfuß des Sternbergs, die leider schon gegen Ende des letzten Jahrhunderts zu früh und zu hastig geöffnet wurden, fand man prächtige Waffen, Urnen und Schmuckstücke. Auch oben am Sternbergbrünnele entdeckte man Scherben. Römische Fußtruppen und Reiter tummelten sich hier, als unter Kaiser Domitian (81–96) der vom Rhein bis zum Main reichende Limes nach Süden verlängert wurde. Bis etwa 110 n. Chr. war das Kastell auf dem Hasenberg bei Gomadingen für den Alblimes von Bedeutung. Ein buntes Bild, ein munteres Treiben: 500 Soldaten, dazu die Hilfsmannschaften, Handwerker, Händler und Bauern, und eine gewiß nicht kleine Zahl mitreisender Frauen lebten im Schutz des Kastells. Damals dürfte es wohl kaum weniger Leute als heute auf der Gemarkung Gomadingen gegeben haben.

Die Anlage der Kastelle war sehr durchdacht. Der Abstand von 20 bis 25 Kilometern zwischen den befestigten Lagern entsprach der täglichen Marschleistung der römischen Armee. Mehr als drei Kilometer pro Stunde schafften die schwerbeladenen Truppen mit ihrem Troß nicht. Bei der Anlage der Kastellkette Burladingen–Gomadingen–Donnstetten–Ursprung–Heidenheim spielte sicher auch die Wasserversorgung eine wichtige Rolle. Im Tal der Großen Lauter gab es Wasser genug, sogar frisches Quellwasser. Mit der Verlegung der Truppen an den Neckarlimes und später noch weiter nach Norden kehrte in diesem Gebiet für lange Zeit Ruhe ein. Nur die bäuerlichen Siedler blieben zurück.

KARL EUGEN AUF GRAFENECK. Es blieb dem Herrn über Württemberg vorbehalten, wieder für Wirbel am Sternberg zu sorgen. Auch er liebte, wie viele „Neckartäler", die Alb, doch nicht des Wanderns wegen. Karl Eugen verwandelte zwischen 1762 und 1772 das bescheidene Jagdschloß seines Vorgängers in ein Lustschloß. Höchst eigenhändig zeichneten Ihre Majestät die Pläne zum Um- und Ausbau, und ließen dabei nichts aus, weder die Husarenkaserne noch das Opernhaus und die Wasserspiele. Auch eine katholische Kapelle für den überaus katholischen Herrn des streng evangelischen Landes fehlte nicht.

Mit etwa 600 Personen rückte der Herzog bei seinen Besuchen an. Die Bauern mögen nicht schlecht gestaunt haben über den endlosen Zug der noblen Kaleschen, die livrierte Dienerschaft, die aufgeputzten Weibsleute und die schmucken Husaren. Bis tief in die Nacht hinein erstrahlte das hell erleuchtete Schloß, und Musik wehte durch das Tal ganz wie im Märchen.

Grafeneck war glanzvolle Residenz und Schauplatz üppiger Feste. Musikanten, Sänger, Komödianten und ein Ballett unterhielten das staunende Publikum. General von Wimpfen schwärmte: „Was je Natur und Talente vermochten, um Freude und

Schloß Grafeneck

Genuß hervorzubringen, war da…". Und dies alles weitab von Stuttgart, versteckt in einem kleinen Albtal, unter Ausschluß der Öffentlichkeit.

Franziska von Hohenheim beendete Karl Eugens Alb-Traum und ließ ein anderes Märchen wahr werden: die wundersame Verwandlung des allzu munteren Herzogs zum besorgten Landesvater. Für Grafeneck allerdings ging es von da an bergab. Übrig blieben im wesentlichen die Gebäude des Jagdschlosses von Herzog Christoph.

SCHRECKLICHE BERÜHMTHEIT erlangte das seit 1929 in Schloß Grafeneck untergebrachte Behindertenheim unter den Nationalsozialisten. 1939 wurde das Heim beschlagnahmt, um „lebensunwertes Leben" auszusondern und zu vernichten. In nur elf Monaten, von Februar bis Dezember 1940, wurden in Grafeneck 10 564 meist behinderte Menschen durch Vergasung ermordet und verbrannt. Seit 1947 gehört das Haus wieder der Samariterstiftung und bietet 110 erwachsenen Behinderten ein Heim.

Burg an Burg im Lautertal

KAMPF UMS LICHT. Die schmale Treppe gegenüber von Wittsteig in Niedergundelfingen übersieht man leicht. So bescheiden ist der Einstieg zum schmalen Fußweg, der zur Ruine Hohengundelfingen führt. Über sonnige Schafweide, durch Gebüsch und schattigen Wald geht es aufwärts. Hier findet ein stummer Kampf ums Licht statt. Die merkwürdig verbogenen Wacholderbüsche versuchen, sich aus dem Schatten einer Fichte ins Licht zu recken, und schaffen es gerade noch mit einem Ast. Der größte Teil des Busches vergilbt und verdorrt. Die Wacholderheide, die einst den Hang beherrschte, wird vom Wald bedrängt, von dunklen Fichtenpflanzungen, die nicht hierher gehören, aber auch von Büschen und Bäumen, die überall dort zu wachsen beginnen, wo keine Schafherde mehr weidet. Selbst die Eiche hat Schwierigkeiten. Zu guter Letzt wird der deutsche Wappenbaum von den Buchen in den Schatten gestellt.

Durch ein rundüberwölbtes Portal betritt der Wanderer den großen Hof der Vorburg. Ein erster Ausblick ins Lautertal tut sich auf. Der Fluß selbst ist schmal. In Mäandern windet er sich durch das weite Tal. Breit hingelagert in einer weiten Flußschlinge der Burgberg von Niedergundelfingen. Der Weg führt aus der Vorburg hinaus durch den Wald weiter bergan. Über den Hauptwanderweg Nummer 5 des Schwäbischen Albvereins, den Burgenweg, der von Reutlingen nach Obermarchtal führt, erreicht man schließlich die Burg.

DIE BUCKELIGSTEN BUCKELQUADER. Ein Halsgraben trennt die Kernburg von der Albhochfläche. Die Burg liegt auf einem Massenkalkriff des Oberen Weißen Jura in 724 Meter Höhe.

Aus dem Graben stammen sicherlich auch die bis zu 2000 Kilogramm schweren Quader, die im Turm verbaut wurden. Die Hohengundelfinger „Bossen" begeistern den „Quader-Fan", aber auch Nichtbuckelquaderbesessene werden den Hut ziehen. Hier waren Könner am Werk, die das Glück hatten, einen Bauherren zu haben, der sich solche Meister-

schaft leisten wollte und auch konnte. Dabei hatten die Buckel der Buckelquader keine besondere Funktion; der Burgenforscher Alexander Antonow mißt vor allem dem monumentalen Erscheinungsbild eine abschreckende Wirkung zu. Am Ende nach der Devise: je buckliger, desto abschreckender? Was bezweckte diese Mode der Stauferzeit, wenn sie wehrtechnisch ohne große Bedeutung war? Ganz sicherlich wollte man Kraft und Reichtum demonstrieren, Macht und militärische Überlegenheit. Stellt man sich den Hohengundelfinger Bergfried in seiner vollen, etwa doppelten Höhe vor, weiß man, was gemeint ist.

Swigger IV. von Gundelfingen war vermutlich der Mann mit gutem Geschmack und ausreichend großem Geldbeutel, der dieses imponierende Meisterstück mittelalterlicher Baukunst auf das Felsenriff hoch über der Lauter setzen ließ. Möglicherweise ging es ihm nicht nur darum, seine Feinde zu beeindrucken, sondern mehr noch seinen künftigen Schwiegervater, den einflußreichen Grafen von Urach. Dessen hochwohlgeborener Tochter Margarethe von Urach, seiner späteren Gattin, hatte er eine standesgemäße Bleibe zu bieten. Die Edelfreien von Gundelfingen gehörten selbst zur Adelssippe

Buckelquader waren zur Stauferzeit große Mode; die von Hohengundelfingen gehören zu den schönsten. Kunstvoll hat der Steinmetz die Kanten der Eckquader des Bergfrieds herausgearbeitet.

So mag Hohengundel-
fingen in seiner Blütezeit
ausgesehen haben.

Aus einer Flußschlinge
kann im Laufe der Zeit
ein Umlaufberg werden.
Die Verhältnisse bei
Gundelfingen (rechtes
Bild) zeigen die zweite
Phase dieser Entwick-
lung (Skizze nach
G. Wagner).
Auf dem Berg: die Burg
Niedergundelfingen.

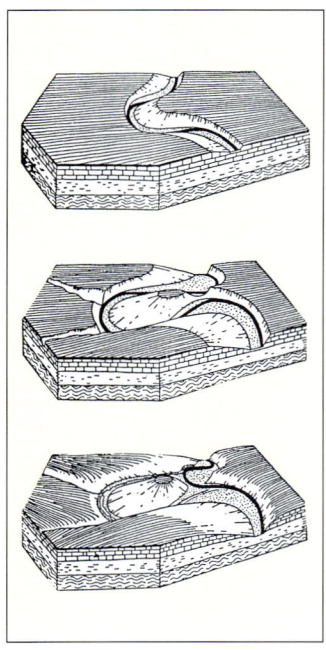

derer von Justingen und Steußlingen und waren wohl gräflicher Abkunft. Auf jeden Fall waren sie die bedeutendste Adelsfamilie im Münsinger Raum und die Heirat also keine Mesalliance.

AUF DEM BERG IM TAL lag wohl der älteste Sitz der Gundelfinger. Von dieser gegen Ende des 11. Jahrhunderts erbauten Burg ist leider zu wenig bekannt, um sich ein genaueres Bild von ihr machen zu können.

Alles spricht dafür, daß Alt-Niedergundelfingen – wohl ein in Holz-Erde-Manier befestigter Hof mit Turm – die Stammburg der seit 1105 bezeugten Herren von Gundelfingen war. Bereits im 8. Jahr-hundert hatten fränkische Eroberer diesen Berg befestigt. Der Arbeit der Lauter verdanken die Her-ren von Niedergundelfingen ihren Burgberg.

Wie dieser breite, runde Berg entstanden ist, sieht man am besten von Hohengundelfingen aus. Die große Schleife der Lauter schließt sich hier fast zu einem Kreis. Nur noch ein schmaler Sattel verbindet Niedergundelfingen mit dem Albkörper. Hätte die Lauter diesen Sattel vollends weggeräumt, wäre ein Umlaufberg entstanden. Doch bevor es so weit war, verlor der einst so kräftige Fluß nacheinander seine Zuflüsse an den Neckar.

DER WANDERPOKAL. Den Gundelfingern ver-dankt das Lautertal mindestens vier Burgen: Dern-eck, Bichishausen, Hohengundelfingen und das neu erbaute Niedergundelfingen. Andere, wie Blanken-stein, Maisenburg und Buttenhausen, waren zu-mindest einige Zeit im Besitz derer von Gundelfin-gen. Viele Burgen für eine Familie. Doch die Familie war groß und vermögend. Häufige Erbteilungen brachten sie jedoch bald in finanzielle Schwierigkei-

In Wittsteig lag einst die Bannmühle auf einem Felsriff. Über den Häusern erhebt sich die Burgruine Hohengundelfingen.

ten. Kaum hundert Jahre nach ihrer Erbauung mußte die Stammburg an Habsburg verkauft werden. 1360 wurde auch der Besitz der Linie Neu-Niedergundelfingen verkauft. Nur die Nebenlinie Niedergundelfingen-Derneck hielt sich bis ins 16. Jahrhundert.

Nach dem Verkauf ging Hohengundelfingen als Pfand wie ein Wanderpokal von Hand zu Hand – so beschreibt es Alfons Uhrle in der Geschichte der Familie von Gundelfingen. Allein in den nun folgenden sieben Jahrzehnten wechselten Burg und Herrschaft fünfmal ihre Besitzer.

Betrachtet man die Steigerung der Pfandsummen im Lauf der Jahre, drängt sich der Verdacht auf, daß neben machtpolitischen Interessen auch Spekulation mit begehrtem Grundbesitz im Spiel war. Die Pfandsumme stieg allein innerhalb eines Jahres (von 1503 bis 1504) um 300 Gulden von 2000 auf

2300 Gulden, obwohl die Burg damals längst zerstört war. 1326 hatte die gesamte Herrschaft mit intakter Burg noch 458 Gulden gekostet. 1744 mußte Graf von Palm dafür die unglaublich hohe Summe von 68 000 Gulden aufbringen. Was Hans Römer, Fabrikant aus Ulm, 1939 für die Ruine bezahlte, steht nicht in den Annalen, wohl aber, daß er die Anlage vor dem völligen Verfall rettete und sie mit privaten Mitteln und unter großem persönlichem Einsatz restaurierte.

BURG AN BURG. Nicht weniger als 18 Burgen reihen sich im Lautertal auf einer Strecke von 23 Kilometern aneinander, und dies, obwohl die Lauter nie ein Schiffahrtsweg war und keine bedeutende Handelsstraße durchs Tal führte. Das Lautertal hatte jedoch Sicherheit zu bieten: Die Felsenriffe am Talrand waren ideale Bauplätze für Burgen.

Eine Burg auf dem Sporn war nur von einer Seite aus angreifbar. Dennoch waren Gräben und Schildmauern notwendig, ebenso ein trutziger Bergfried. Dies alles kostete viel Mühe und Geld. Abgeschieden und isoliert saßen die Herrschaften in ihren Gemäuern.

Die romantische Aussicht war sicher nur ein kleiner Trost. Man lebte eng und unbequem. Hygiene war ein Fremdwort. Wasser, Holz, Lebensmittel, schlichtweg alles mußte mühsam und teuer heraufgeschafft werden. Wind und Wetter ausgesetzt, nahmen Rheumatismus und Reparaturen kein Ende. Dennoch lebten jahrhundertelang Menschen in Burgen. War es das Bedürfnis nach Exklusivität, nach Absonderung vom gemeinen Volk? War es zur Schau gestellter Herrschaftsanspruch? Das Ideal des ritterlichen Lebens allein kann es nicht gewesen sein.

Es gibt viel handfestere Gründe: Im Mittelalter lebte vor allem der niedere Adel in ständigem Kleinkrieg miteinander. Fehde war ein legales Mittel, sich Recht zu verschaffen und Macht auszuüben. Eine feste, uneinnehmbare Burg war daher unabdingbar. Mehrere benachbarte Burgen im Besitz einer Familie war natürlich ideal; die Gundelfinger konnten fast das gesamte Lautertal kontrollieren.

Viele Burgen hatten Blickkontakt zueinander. Schlechte und gute Nachrichten machten rasch die Runde.

Gutnachbarschaftliche Beziehungen und Vereinbarungen zur gegenseitigen Hilfeleistung waren von großem Vorteil. Heirat war ein beliebtes Mittel zur Festigung solcher Allianzen. Wenn aber im Turm jenseits des Tales der böse Feind wohnte, dann konnten auch Königskinder nicht zusammen kommen.

117

Heiß und kalt auf dem Fels

DIE WELT DER EXTREME. Im Sommer brennt die heiße Sonne auf den Fels. Bei Windstille flimmert die Luft über dem hellen Jurakalk. Bis zu 70 Grad steigt das Thermometer an der Südwand. An kalten Wintertagen überzieht Eis den Felskopf. Pflanzen und Tiere in diesem Lebensraum müssen im Jahresverlauf mit extremen Temperaturunterschieden zurechtkommen. 100 Grad beträgt die Differenz zwischen heiß und kalt. Auch die Wasserversorgung der Pflanzen an diesem Standort ist großen Schwankungen unterworfen. Wenn es im Sommer wochenlang nicht regnet, hält sich allenfalls in tiefen Ritzen und Spalten noch eine Spur Wasser. Selbst ein Gewitterguß nach langer Trockenheit ist keine reine Wohltat, vor allem heutzutage ist das erste Regenwasser sauer und voller Schadstoffe, die es aus der Luft ausgewaschen hat. Wenn es länger regnet, entstehen für die Pflanzen auf dem Fels neue Probleme, denn reines Regenwasser ist so frei von Mineralstoffen wie destilliertes Wasser. Überdies wird der spärliche Humus weggespült und allenfalls in die Spalten eingeschwemmt. Mit diesen Lebensbedingungen kommen nur wenige Pflanzen zurecht: ein paar Flechtenarten – unter ihnen Spezialisten, die in der obersten Kruste des Gesteins selbst leben, so weit eben das Licht einzudringen vermag –, und einige Moosarten wie das Kalkfelsenmoos, das während der trockenen Zeit schwarz und dürr erscheint. Unter den Blütenpflanzen sind es das Blaugras, der Schafschwingel, die Weiße Fetthenne, der Traubensteinbrech und das Immergrüne Felsenblümchen, sofern sie nur in einer Ritze genügend Humus und Feuchtigkeit finden.

Diese Pflanzen gab es auf der Alb schon in der Eiszeit. Während der kalten Perioden des Eiszeitalters waren sie auf der strauch- und baumlosen Hochfläche weit verbreitet. Dabei machte ihnen weniger die Kälte als die Trockenheit zu schaffen. Schließlich ist Eis für sie kein verwertbares Wasser.

Heute findet man die Pflanzen der kalten Zeiten fast nur noch auf den Felsen. Dort sind sie bis heute konkurrenzlos. Mit Licht, Hitze und Trockenheit, aber auch mit Kälte kommen sie besser zurecht als andere. Den Wechsel von Mineralstoffmangel und Kalküberschuß halten sie besser aus. Das sieht man diesen Pflanzen an. Der Traubensteinbrech bildet Blattrosetten, die sich dicht an den Boden schmiegen. So wird die Bodenkrume vor Austrocknung geschützt. Die Blätter überdecken sich zum Teil und setzen damit die Verdunstung herab. Den überschüssigen Kalk scheiden besondere Drüsen in den Zähnchen der Blattränder ab, deshalb sind diese kalkweiß. Temperaturen um die 60 Grad Celsius hält der Traubensteinbrech aber auch nur einige Stunden lang durch, dann bricht sein Wasserhaushalt zusammen. Deshalb sucht man ihn an extrem der Sonne ausgesetzten Felsköpfen vergeblich. An heißen Tagen werden dort noch höhere Temperaturen gemessen, außerdem ist die UV-Einstrahlung sehr hoch. Die Nordwände wiederum sind zu schattig. Dort kommt der Traubensteinbrech gerade noch durch; um zu blühen, fehlt ihm die Kraft.

Nicht weniger hart im Nehmen sind der Schafschwingel und das Blaugras. Sie brauchen allerdings den Humus der Felsspalte. Das borstige, trockene Blaugras hat harte, blaugrüne Blätter, die – steil aufgerichtet – der Sonne wenig Angriffsfläche bieten; sie sind gefaltet, so wird die Oberfläche verkleinert. Beim Schwingel sind die Ränder eingerollt. Auf diese Weise entsteht eine Blattröhre, deren Außenseite die Sonnenstrahlung stark reflektiert und damit die Strahlungsbelastung verringert. Die Blattunterseite bildet die Blattröhre, dort liegen die Spaltöffnungen des Blatts. Durch diese winzigen Öffnungen erfolgt der Gasaustausch und damit die Verdunstung. Selbst an trockenen Tagen ist aber die Wasserdampfkonzentration in der Röhre so hoch, daß die Spaltöffnungen nicht ständig geschlossen sein müssen. So kann der für die Pflanze lebenswichtige Gasaustausch stattfinden und damit die Photosynthese. Bei extremer Trockenheit ist die Blattröhre fast geschlossen. Irgendwann schließen sich dann auch die Spaltöffnungen. Aber selbst unter diesen Umständen hält die Pflanze noch einige Zeit durch.

Nicht der Fels allein und die Schwierigkeit der Wege machen die Fünffingerfelsen für Kletterer so attraktiv. Es ist der herrliche Blick ins Tal und das Gefühl, über allem zu schweben.

Unter den Büschen, die am Fels wachsen, fällt die Mehlbeere besonders auf.

Traubensteinbrech, Schafschwingel und Blaugras trotzen Kälte und Hitze, Regen und Trockenheit. (Mitte)

Auch einer Reihe von Tieren bieten die Ritzen und Spalten im Fels einen Lebensraum. Ausgerechnet Schnecken gehören dazu, Schließmundschnecken, die sich dort gerne aufhalten, wenn es draußen trocken und heiß ist. Diese kleinen, oft winzigen Schneckenarten haben langgestreckte, turmförmige Gehäuse. Sie können ihren Eingang durch einen Deckel verschließen. Damit schützen sie sich gegen Wasserverlust, oft über Monate hinweg. Auch diese Überlebenskünstler gab es schon während der Eiszeit auf der Alb. Auf den Felsen haben sie sich erhalten. Schon deshalb sind die Pflanzen und Tiere der Felswände und Felsköpfe so bemerkenswert und schützenswert.

DER ROSENWEG. Lang ist's her, daß ich mit Erich, meinem Seilgefährten, am größten der Fünffingerfelsen den Rosenweg machte. Die Begeisterung war groß, die Ausrüstung klein. Barfuß mit Hanfseil und ganz wenig Schlosserei ging es los. „Machen", so sagten wir, und so sagen die Kletterer und Bergsteiger immer noch. Ihre Ausrüstung ist nach Zeiten wahrer Materialschlachten am Fels wieder erstaunlich einfach geworden, ihre Kleidung dafür um so bunter.

Der Rosenweg hat im Kletterführer nicht den höchsten Schwierigkeitsgrad und gehört nicht zu den anstrengendsten Klettertouren der Schwäbischen Alb. Aber schön ist dieser Weg durch den Fels hoch über der Glemser Talbucht, durch die sonnige Westwand mit dem freien Blick ins Land hinaus. Einsam und doch ganz nah bei den Leuten waren wir. Mit Marie, der Bäuerin, die auf dem Feld am Wald ihre Kartoffeln hackte, konnten wir Zwiesprache halten: „Dend'r hacka?" ruft der Kletterer. „Jo werle!" schallt es von Marie herauf. „Vespra et vergessa!" – „Et rafalla!"

Die Pflanzen im Wald, nur wenige Meter entfernt, haben völlig andere Lebensbedingungen. Das Licht, am Fels im Übermaß vorhanden, steht dort im wandernden Sonnenfleck nur kurze Zeit am Tag zur Verfügung.

Unterhalb der Grasbüschel fallen helle Streifen auf; dort lösen aus dem Humus ausgewaschene Säuren den Kalk auf.

In 50 Jahren hat sich auf den ersten Blick nur wenig geändert am Fünffingerfelsen. Wieder ist eine Zweierseilschaft unterwegs. Über den splittrigen Schutt am Fuß des Felsens steigen sie ein und klettern ein Stück durch die glatte, steile Wand. Schließlich erreichen sie ein Grasband mit jenem Blütenbusch, von dem der Weg seinen Namen hat. Der Erste ist schon oben und sichert den Freund. Es klappert am Fels. Die letzten Karabinerhaken werden ausgehängt. Der Überhang noch, dann stehen beide auf dem Felskopf.

Die Ruhe von einst gibt es nicht mehr, kein Gespräch mehr mit der Bäuerin auf der Allmende,

„de alde Doil" am Waldrand. Dort sind die Äcker verschwunden. Im Talgrund haben sich Sportplätze und Hallen breit gemacht. Glems ist kein Dorf mehr, sondern ein Stadtteil. Auch der Fels ist nicht mehr so frei wie einst. Seit Februar 1992 ist er für Kletterer gesperrt. Ob das die beiden jungen Kletterer wußten? Oder ob sie sich noch an die Regel vom Vorjahr hielten? Da war der Fels immerhin noch in den Monaten Juli, August, September frei. Jetzt gilt striktes Kletterverbot. Die Trauer und die Wut auf „die Kletterfeinde vom Naturschutz" sind unübersehbar. Die Beschränkung auf drei Monate akzeptierten die beiden jungen Männer zähneknirschend noch. Was sie nicht verstehen, ist, daß man ihnen Naturferne und Umweltzerstörung vorwirft. Kletterer, die etwas auf sich halten, kennen ihr Revier, lieben die

Natur und wissen, welche Gefahren den seltenen Pflanzen und Tieren in der Wand und auf dem Felskopf drohen. Sie wissen längst, daß Wanderfalke, Kolkrabe und Fledermaus Heimatrecht an den Felsen haben, und sind bereit, sie aktiv zu schützen. Die Freiheit, die mein Freund Erich und ich vor Jahr und Tag hatten, diese Freiheit der wenigen und Ahnungslosen gibt es nicht mehr. Man sollte das gewachsene Verantwortungsbewußtsein der jungen Kletterer, die bereit sind, Einschränkungen hinzunehmen, honorieren.

DER TAG IST NICHT ZU ENDE. Eine Naturschutzstreife erscheint auf dem Fels. Zwei nicht minder engagierte Leute. Auch für sie ist die Alb Heimat. Sie wissen sehr genau, wie es um die Natur auf der

Fünf Finger, massige Riffklötze im Weißen Jura Delta, stehen im Hang. Durch die kahlen Bäume erkennt man den Schuttmantel, aus dem die Felsen aufragen.

121

Die Zahl der Wander-
falken, die im Fels
horsten, hat wieder
zugenommen. Wirklich
gerettet sind sie aber
erst, wenn sie in ihrem
Lebensraum sicher sind.

Eben noch Kletterpara-
dies stehen die Fünf-
fingerfelsen jetzt unter
Naturschutz. Sie sind
Lebensraum seltener
Pflanzen und Tiere, die
mit den schwierigen,
wüstenhaften Bedingun-
gen an den glatten Wän-
den und auf den Fels-
köpfen zurechtkommen.

Alb steht und daß es vielerorts für eine Rettung schon zu spät ist. Hier wenigstens wollen sie retten, was noch zu retten ist: „Seit Februar 1992 sind die Fünffingerfelsen gesperrt!" Die beiden Kletterer erstarren, sagen gar nichts mehr, lassen das Gespräch, das sich zwischen den Naturschützern und mir um den Sinn dieser Maßnahme entspinnt, scheinbar an sich vorbeigehen. Dann bricht es aus einem heraus: „Retten, was zu retten ist? Was soll denn noch gerettet werden auf der Alb und für wen? Und überhaupt, es kann doch nicht nur um die Felsen gehen? Kümmert Euch lieber um das Bergfest? Wo seid Ihr denn gewesen, als man drüben an der Eninger Steige eine wunderschöne Felswand einfach wegsprengte?"

Noch lange ist nicht alles klar beim Naturschutz. Wird da nicht mit zweierlei Maß gemessen, oder was soll man davon halten, daß dort eine ganze

Wand gesprengt wird und nur ein paar Kilometer entfernt ein paar Felstürme geschützt werden? Wer hat nicht Schwierigkeiten, zu verstehen, daß zwei Kletterern kategorisch das Ende ihrer Träume verkündet wird, wo doch am gleichen Tag draußen auf der Glemser Weide die Segelflieger mit großem Publikum ihr Bergfest feiern und Fahrverbote außer Kraft gesetzt werden, um ja recht viele auf den Berg zu locken. Gibt es da Amtsaugen, die von Fall zu Fall auf- oder zugemacht werden? Am Ende ist die Asphaltpiste für den Seilrückholwagen der Schafweide sogar zuträglich. Auch die Naturschützer wurmt es, daß so vieles an ihnen vorbei und über ihre Köpfe hinweg läuft.

Die Kletterer fragen, die Segelflieger und die Drachenflieger, die Bootsfahrer und die Höhlengänger, und nicht zuletzt die Wanderer und die Skiläufer,

122

und genauso die Naturschützer: Wem gehört die Alb? Allen, die sie nutzen? Die Wälder, Weiden, Wiesen und Felder, Bäche, Felsen und Höhlen? Oder gibt es eine schützenswerte Alb um ihrer selbstwillen? Bleibt daneben ein Spielraum für Sport und Erholung? Gewiß will keiner die ganze Alb sperren, auch die Naturschutzstreife nicht. Doch was wollen wir eigentlich?

NATURSCHUTZ QUO VADIS? In der Evangelischen Akademie Bad Boll fand Anfang der 60er Jahre eine Tagung unter diesem Fragezeichen statt. Schon damals war es leichter, die Ziele anzugeben als die Wege, die dorthin führen sollten. Einer der Initiatoren dieser Tagung war der Vorsitzende des Schwäbischen Albvereins – damals hatte man noch keine Präsidenten –, der hochverdiente Georg Fahrbach. Dies war gewiß kein Zufall, denn in jenen Jahren lernten die Naturschützer das Fürchten vor immer neuen Gewerbe- und Baugebieten, vor Steinbrüchen, Straßen und Kanälen. Auch ihren eigenen Erschließungseifer sahen sie kritisch. Das alte Ziel, immer neue Wege, neue Türme, neue Hütten zu bauen, wurde fragwürdig. Bewahrung und Verzicht zum Schutz der Natur hat seither Vorrang.

Die Alb muß vor weiterem Verbrauch bewahrt werden. Die Sünden, die in den Tälern überdeutlich sind, dürfen sich nicht auf den Flächen der Alb wiederholen. Als Karstgebirge gehört die Alb zu den sensibelsten Landschaften überhaupt. Man denke nur an die Wasserversorgung und die Abwasserbeseitigung. Ein „Silicon Highland" auf der Alb ist ein Alptraum. Die ehrgeizigen Träumer, die die Alb jetzt schon mit großen Schildern als neues Gewerbegebiet feil halten, wohnen nicht dort. Die Gemeindereform hat den Städten in den Tälern die Dörfer auf der Alb geschenkt. Jetzt, wo es im Tal zu eng wird, greifen viele Hände nach der Hochfläche.

Es wird Zeit, sich an die großen Brocken zu wagen und sich vom Schutz der tausend Einzelheiten zu verabschieden zugunsten des Schutzes größerer, zusammenhängender Flächen. Jetzt gilt es ganze Teile der Alb zu schützen, die St. Johanner Berghalbinsel zum Beispiel. Der Felsenkranz vom Wolfsfels bis zu den Rutschenfelsen sucht seinesgleichen, auch die Höllenlöcher und das Längental, die Glemser Weide und die Wälder rund um die Hohe Warte. Warum sollen nicht auch das alte Gestüt von St. Johann, der Fohlenhof und Güterstein samt den alten Alleen dazugehören? Sonst gibt es ja keine

Siedlungen in diesem großen Gebiet. Überdies ist der weitaus größte Teil dieser Areals in Staats- und Gemeindebesitz. Alles spricht dafür, hier einen großen Wurf zu wagen, Naturschutz, Landwirtschaft und Fremdenverkehr so aufeinander abzustimmen, daß der Naturschutz zur Richtschnur wird.

Beispiele dafür, daß so etwas geht, gibt es genug auf der Welt. Man denke nur an einige der amerikanischen Nationalparks. Auf der Alb allerdings müßte man ein eigenes Konzept entwickeln. Es müßten größere, zusammenhängende Schutzzonen geschaffen werden als bisher. Darauf wird sich die Forst- und Landwirtschaft, aber auch der Erholungssuchende einstellen müssen. So wie es heute den Förster gibt, wird es festangestellte „Rancher" geben müssen, die das Gebiet betreuen und die Besucher führen und informieren.

Nicht nur die Kletterer, auch die Wanderer müssen sich ein Stück weit aus den Wänden und von den Rändern der Rutschenfelsen zurückziehen, um die großen Vögel auf Dauer zu schützen.

Der Rutschenbrunnen auf der Hochfläche hinter dem Rutschenfelsen ist eine der Besonderheiten der St. Johanner Alb. Am Rande eines wasserstauenden Vulkanschlots tritt eine Quelle aus, die als Brunnen gefaßt ist. Der Überlauf, ein kleiner Bach, versickert schon nach wenigen Metern am Grund einer Doline im Massenkalk. In der Doline steht eine Baumgruppe.

Krater und Kegel

maare in jüngster geologischer Zeit entstanden sind – der Laacher See wurde erst vor 11 000 Jahren ausgesprengt –, stammen die Albmaare aus dem Tertiär und sind 16 bis 20 Millionen Jahre alt. Das ist lange her, seither hat sich auch auf der Schwäbischen Alb viel verändert.

DER SCHLOT des Randecker Maars hat einen Durchmesser von 1200 Metern. Bohrkerne ergaben, daß es nicht nur einen Ausbruch gab. Lange Zeit glaubte man, daß der weite Krater durch Explosionen gespannter vulkanischer Gase entstanden sei. Erst in jüngerer Zeit erkannte man, daß es beim Zusammentreffen von aufsteigendem, bis zu 1200 Grad heißem Magma und Grundwasser zu äußerst heftigen Wasserdampfexplosionen kommt, die solche flachen Krater aussprengen können.

In den Hohlräumen des verkarsteten Weißjurakalks gibt es Wasser. Magma steigt entlang der Klüfte im Gestein auf. Wo es mit dem Grundwasser zusammentrifft, verdampft dies schlagartig und explodiert. Dabei übersteigt die Wirkung des überhitzten Wasserdampfes sogar die des Dynamits. Durch die aufgerissenen Spalten kann mehr Wasser nachströmen. Weitere, unter Umständen heftigere Explosionen in größerer Tiefe folgen. Sobald die vulkanische Aktivität nachläßt, sackt gelockertes Gestein, zum Teil in großen Schollen, nach und sinkt zusammen mit ausgeworfener Asche und Gesteinstrümmern im Schlot tiefer und tiefer. Schließlich füllt sich der Krater mit Wasser. Ein Maarsee entsteht.

SEE, SUMPF UND MOOR. Im Pappdeckelschiefer, dem Dysodil, am Grunde des Randecker Maars haben sich viele Fossilien erhalten: Blätter des Seifenbaums und einer Weidenart, Schnecken, Spinnen, Insekten, Frösche und Salamander. Fische gab es offenbar im sauerstoffarmen, vielleicht salzigen Kratersee nicht. Möglicherweise vergiftete Schwefelwasserstoff aus dem Faulschlamm das Wasser in der Tiefe. Lange Zeit dürften vulkanische Gase, vor allem Kohlendioxid, aus dem Untergrund aufgestie-

Nach den Maaren der Eifel werden auch die Krater der tertiären Albvulkane Maare genannt. Das Weinfelder Maar ist ebenso wie das Schalkenmehrener Maar dahinter zwischen 10 000 und 11 000 Jahre alt. So ähnlich wie hier könnte es vor 17 Millionen Jahren auf der Alb ausgesehen haben.

Im Winter, wenn auf der Alb Rauhreif liegt, fällt das Kraterrund des Randecker Maars besonders auf. Blick nach Nordosten.

SEIN DENKMAL steht nicht am Randecker Maar, dabei hätte es der Geologe Wilhelm Branco wohl verdient. Vor hundert Jahren beschrieb er als erster das feurige Temperament der Schwäbischen Alb, ihre vulkanische Seite. Er deutete den merkwürdigen Kessel von Randeck als Krater. Die rätselhaften Massenkalkbrocken, die seinen Rand säumen, erwiesen sich als Zeugen gewaltiger Ausbrüche, als letzte Reste eines Walls, der einst den Krater umgab. Die ausgeworfene Asche, die Lavabrocken und die Trümmer der durchschlagenen Gesteine sind, bis auf die größten Kalkblöcke am Kraterrand, verschwunden. Die feingeschichteten „Pappdeckelschiefer" am Boden des Kessels erwiesen sich als Faulschlammablagerungen eines Kratersees.

In der Eifel gibt es vergleichbare Vulkanformen. Flach ausgesprengte Krater, in denen sich Seen gebildet haben. Auch die Wälle der Auswurfmassen sind hier vielfach zu sehen. „Maare" nennt man in der Eifel diese wunderschönen Kraterseen. Nach diesen Vorbildern heißt seit Branco der Kessel bei Randeck „Randecker Maar". Während die Eifel-

Massenkalkblöcke decken die Hänge des Randecker Maars. Durch den Einschnitt der Zipfelbachschlucht geht der Blick hinüber zur Limburg.

Im Stauchloch versickert ein Bach, der aus dem Schopflocher Moor kommt.

gen sein. Im Laacher See ist dies bis heute so. Die Fossilien lassen darauf schließen, daß es damals wärmer war und ein lichter Wald, eine Savanne, den See umgab: Afrika auf der Alb.

Der See versumpfte allmählich und verlandete. Zu guter Letzt bildete sich ein Hochmoor, so wie es heute noch über dem benachbarten Vulkanschlot bei der Schopflocher Tongrube zu sehen ist. Überfließendes saures Wassers aus dem Maarsee und später aus dem Hochmoor löste den Kalk besonders stark. Kein Wunder, daß im Umfeld vieler Vulkanschlote große Lösungsdolinen liegen. Das 12 Meter tiefe Stauchloch östlich des Schopflocher Moors ist eine davon. Dort versickert bis heute bräunliches Wasser aus dem Moor. Ein anderer Moorbach verschwindet

in der Doline „Wasserfall". Nach Tagesfrist kommt das Wasser aus dem Moor in Quellen am Osthang des Lenninger Tales zum Vorschein. In der Höhle hinter der Höllsternquelle kann man den unterirdischen Bach ein gutes Stück in den Berg hinein verfolgen.

DER ZIPFELBACH entwässert das Randecker Maar. Ein Teil des Wassers, das im Kessel zusammenläuft, wird zur Versorgung von Ochsenwang genutzt. Ein kleiner, aufgestauter Teich lockt Lurche und Vögel an. Im Herbst und im Frühjahr fliegen Zugvögel durch den Einschnitt im Albtrauf. Der Zipfelbach ist für diese Kerbe im Kraterrund verantwortlich. Von Norden her schnitt er sich in die Alb

126

ein, zapfte das Maar an und räumte seine weiche Füllung aus, bis hinab zum Dysodil. Auch der Jura ringsum wird abgetragen. Wie das Randecker Maar in einer fernen Zukunft aussehen wird, sieht man an der Limburg draußen im Vorland.

Sobald die harten Weißjuraschichten um den Vulkanschlot abgetragen sind, wird die widerstandsfähigere Schlotfüllung, umgeben von weichen Braunjuratonen, als „Randeckberg" vor dem zurückverlegten Albtrauf stehen. Die Limburg wird dann so niedrig sein wie heute der Egelsberg und der Egelsberg seinerseits so eingeebnet und unsichtbar wie heute der Scharnhäuser Vulkan. Der Zipfelbach wird immer noch an der Alb nagen und fleißig das Maar des Schopflocher Torfmoors ausräumen.

DIE LIMBURG ist ein wunderschöner Berg. Man kann zur Kirschenzeit auf den „Vulkanberg" steigen und im Winter, aber im Sommer, wenn die meisten Landsleute im Süden ihren Sonnenhunger stillen, ist der Weg auf den Kegelberg vor der Alb besonders schön. Streuobstwiesen bedecken die Hänge. Am Südhang steigen Weinberge im Braunen Jura bis um die 500 Meter auf. Im Westen hat sich Buschwald breit gemacht. Viele Trampelpfade führen zum Gipfel, aber der Wanderer tut gut daran, seinen Freiheitsdrang zu zügeln, denn die Grasnarbe ist schon zertreten, und Bodenerosion gefährdet den Steilhang. Der Wollige Schneeball trägt rote Früchte. Heckenkirsche und Weißdorn sind fast reif, die Haselnüsse noch weich und die Hagebutten grün.

Als mächtiger Bergkegel steigt die Limburg 180 Meter hoch auf. Ein Vulkanschlot von 600 Metern Durchmesser bildet ihren Kern, ein Mantel aus unterem Braunen Jura die Flanken, Sandstein die Kante auf halber Höhe. Den kahlen Gipfel umzieht ein Wallsystem.

Der Scharnhäuser
Vulkanschlot liegt im
Knollenmergelhang
im Tal der Körsch.

Die Weißjurastücke
im vulkanischen Tuff
lassen weitreichende
Schlüsse zu.

Der blaßviolette Hauhechel und die gelben Blütenkerzen des Odermennigs beginnen zu blühen, auch Wilder Dosten, Braunelle und Pfirsichblättrige Glokkenblume. Links am Weg tröpfelt sogar im Sommer Wasser aus einem kleinen Brunnen. An der Limburg gibt es dank ihres vulkanischen Kerns bis hoch hinauf Wasser.

Hier hat man sich für den kahlen Berg entschieden. Es riecht nach Alb zwischen den Weißjuratrümmern am Wegesrand. Zittergras und Thymian blühen. Schafe gehen über die Heide. Was sie nicht

schaffen, erledigen die Heidefreunde mit Sense und Säge. Den Sonnenanbetern wird's recht sein und den Orchideenfreunden auch. Die Drachenflieger, die sich hier zu Hause fühlten, sind verbannt, seit der Gipfel unter Naturschutz steht.

DER RINGWALL um den Limburggipfel stammt aus der Hallstattzeit; er umschließt die letzte Höhe und das buckelige Plateau. Unübersehbar sind die Spuren früher menschlicher Besiedlung. Die Mauerreste kann man zwar nur noch ahnen, rechtwinklige Strukturen aber, Einsenkungen und Erhebungen lassen keinen Zweifel daran, daß der Berg noch in historischer Zeit ein wechselvolles Schicksal hatte. Seit der Jungsteinzeit lebten Menschen hier. Auch die Kelten waren da. Ob es auf dem Gipfel eine germanische Kultstätte gab, weiß niemand. Immerhin fällt auf, daß sich um die Limburg bemerkenswerte Sagen ranken.

DER LINDWURM von der „Lintburc" an der Lindach war ein besonders gefürchteter: Feuerspeiend und menschenfressend verheerte er das Land, bis Sankt Georg – oder war es Sankt Michael? – angeritten kam, um die Tochter des Kaisers aus den Krallen des gierigen Reptils zu erretten. Sankt Michael zu Ehren stand schon in karolingischer Zeit eine Kapelle auf dem Berg, eine zweite wurde nach dem Niedergang der mittelalterlichen Burg gebaut. Alter Volksglaube hält sich eben lange an Plätzen wie der Limburg. So sollen, vielleicht bis heute, die kleinen Kinder aus dem Brunnen auf dem Berg kommen, dem „Kindlesbrunnen".

DIE „LINTBURC" wurde als eine der ältesten in Schwaben um 1060 von den späteren Herzögen von Zähringen erbaut. Schon 1078 wurde sie im Kampf zwischen dem Papst und König Heinrich IV. verwüstet, danach aber wieder aufgebaut. Im 12. Jahrhundert gaben die Zähringer die großartige romanische Anlage zugunsten der neuerbauten Teck auf. Aus den Trümmern der Burg wurde erneut eine Michaelskapelle erbaut; sie zerfiel nach der Reformation. Inzwischen zählt die 596 Meter hohe Limburg zu den heiligen Bergen des Naturschutzes.

DER SCHARNHÄUSER VULKAN liegt noch viel weiter vor der Alb als die Limburg, im Körschtal zwischen Scharnhausen und Ruit. Kein Krater und kein Kegelberg verraten ihn mehr. Durch Zufall hat

man beim Wegebau den Schlot im Knollenmergelhang gefunden. Wilhelm Branco beschrieb ihn
zusammen mit den anderen 133 Schloten, die man
zu seiner Zeit kannte. Der Scharnhäuser Vulkan ist
ein besonders bemerkenswertes Exemplar.

Der graubräunliche Vulkantuff unterscheidet sich
deutlich vom rotvioletten Knollenmergel. Bergfrisch
ist der Tuff hart, durch Verwitterung wird er jedoch
bröckelig und krümelig. Winzige Lavakügelchen,
nur wenige Millimeter groß, bilden die Grundmasse.
Solche Lapilli entstehen, wenn bei einem Vulkan-
ausbruch glutheiße Lava zerspritzt und die Tröpf-
chen rasch erstarren. Im Kern vieler Lapilli finden
sich Kristalle aus Olivin und Melilith. Auch Stücke
aus dunklem Melilithbasalt wurden gefunden. Vie-
lerlei Mineralien werden aus der Tiefe emporgeris-
sen. Titanomagnetit, Wüstit mit winzigen Einschlüs-
sen von gediegenem Eisen verleihen dem Schlot
magnetische Eigenschaften. Mit empfindlichen
Meßgeräten läßt sich der Unterschied der magneti-
schen Feldstärke zwischen der Schlotfüllung und
dem Umgebungsgestein feststellen. So ermittelte
man auch den exakten Durchmesser des Scharnhäuser Vulkans mit 150 Metern. Inzwischen wurde
vor allem durch die Arbeit von Otto Mäusnest eine
große Zahl weiterer Vulkanschlote auf diese Weise
nachgewiesen. 355 Schlote kennt man derzeit von
der Mittleren Alb und ihrem Vorland.

DIE ALB LÄSST GRÜSSEN. Unter den Fremdge-
steinen im Schlot gelten die Kalksteinbrocken aus
Weißem Jura als „geologische Leckerbissen", denn
Weißen Jura Beta, aus dem die Kalksteinstücke im
Vulkantuff stammen, gibt es auf den Fildern weit
und breit nicht. Als der Vulkan aktiv war, muß dies
anders gewesen sein. Damals, vor 16 bis 20 Millionen Jahren, reichte die Alb zumindest mit dem Weißen Jura Beta noch bis hierher.

Die Wohlgeschichteten Kalke stehen heute rund
25 Kilometer südöstlich von Scharnhausen an. Das
heißt, der Albtrauf wurde in den letzten 17 Millionen Jahren mindestens um diesen Betrag zurückverlegt. Man nehme den Taschenrechner und dividiere:
25 Millionen Millimeter durch 17 Millionen Jahre
ergibt 1,47 Millimeter Rückverlegung des Albtraufs
pro Jahr. Die Abtragung hält sich aber nicht an
Durchschnittswerte. Viele Bedingungen bestimmen
ihr Tempo, zum Beispiel das Klima. Unter subtropischen Bedingungen mit hohen Niederschlägen und
noch mehr bei häufigem Frostwechsel, wie wäh-

rend des Eiszeitalters, geht die Abtragung schneller
als in trockenen Zeiten. Auch tektonische Veränderungen spielen eine große Rolle. Je mehr Südwestdeutschland in Zusammenhang mit der Alpenbildung herausgehoben wurde und der Oberrheintal-
graben sich einsenkte, um so erfolgreicher nagten
der Neckar und seine Nebenflüsse an der Alb. Über
den Fildern ist bis auf den untersten Lias der ganze
Jura verschwunden. Geblieben sind nur die Weißju-
rabrocken im Scharnhäuser Vulkan, die der Schlot
zum Andenken an eine größere Alb bewahrt.

**Ein Zweig von Gleditsia
knorri aus dem Krater-
see des Randecker
Maars.
Länge etwa 10 cm.**

Die Kaiserberge

DER HOHENSTAUFEN liegt weit vor dem Albtrauf. Majestätisch erhebt er sich aus den Tälern des Braunen Jura. Sein Gipfel aber ist ein Stück Alb, eine Bastion des Weißen Jura. Bis zur Jahrhundertwende war der Hang des Berges kahl. Da mag er wirklich wie ein „Staufen", wie ein umgestülpter Becher, ausgesehen haben. Die alten Germanen liebten offenbar dieses Bild. Wo immer ein Berg dem Trinkbecher ähnlich sah, nannten sie ihn „Staufen". Wald verhüllt heute den Gipfel, die klare Linie, ein Stück seines Charakters, hat der Hohenstaufen verloren.

„RECH" WIE „RAUH". Die Höfe und Weiler in der reich gegliederten Landschaft, romantisch verklärend „Rehgebirge" genannt, wurden in der Stauferzeit angelegt. Bis dahin lag ein weites, unzugängliches Waldland um den Staufen, ein rauhes Land. Das Rehgebirge müßte besser „Rechgebirge" heißen, so wie der Rechberg auch heute noch. „Rech" meint „rauh", im Wort „Rechen" findet man dieselbe Wurzel. Unwegsam ist die von vielen Tälern zerschnittene Landschaft bis heute.

Über den braunen, eisenhaltigen Sandsteinen, zu denen der als Baustein beliebte Donzdorfer Sandstein gehört, blieben nur kleine Flächen auf den Riegeln zwischen den Tälern stehen, die zur Rems und zur Fils hinziehen. Wenig Platz, um zu wirtschaften. Dies hat den Erbauer der Burg Hohenstaufen aber offensichtlich nicht gestört. Der Staufen war ganz nach dem Geschmack der frühen Burgenbauer. Sie bevorzugten die freistehenden Berge vor der Alb: Limburg, Teck, Achalm, Zollern. Die Rundumsicht vom Staufen war und ist grandios. Zu allen wichtigen Burgen besteht Blickkontakt, und das Vorland ist weithin zu übersehen. Von hier aus ließen sich die wichtigen Handelsstraßen im Filstal und im Remstal sowie ihre Querverbindungen kontrollieren.

DIE STAUFER KOMMEN. Um 1088 ließ Graf Friedrich, Sohn des Friedrich von Büren aus dem vornehmen Geschlecht der Riesgaugrafen, seine

Vor dem Albtrauf liegen die drei Auslieger Staufen, Rechberg und Stuifen. Man nennt sie Kaiserberge, obwohl nur dem Staufen diese Ehre gebührt.
Der braune Hügel vor dem Staufen ist die Spielburg.

Friedrich I. Barbarossa (um 1122–1190). Dieses Bronzereliquiar ließ der Stauferkaiser um 1160 für seinen Paten, Graf Otto von Cappenberg, anfertigen.

"Dienstmannen" lebten mit Familien, Knechten und Knappen auf dem Hohenstaufen. Sie bewachten und verwalteten Burg und Güter. Für ihre Dienste erhielten sie sogenannte "Burglehen". Diese Ministerialen gelangten alle zu stattlichem Besitz. Nach und nach bauten sie sich mit Genehmigung ihrer staufischen Herren ihre eigenen Burgen.

EIN NETZ VON MINISTERIALENBURGEN zog sich über das Land an Fils und Rems bis hin zum Welzheimer Wald: Waldhausen, Ebersberg, Staufeneck, Hohenrechberg, Urbach, Rechberghausen, Waldenstein, das Wäscherschloß, Filseck, Plochingen, Ramseck, Schorndorf, Welzheim und vielleicht Göppingen. Eine sicherlich von den Staufern geförderte Entwicklung, von der beide Seiten profitierten: Die Herzogsburg im Zentrum wurde auf diese Weise mit einem starken Verteidigungsgürtel umgeben, und die staufischen Ritter kamen zu standesgemäßen Wohnsitzen. Im höfischen Glanz und der militärischen Stärke der Ministerialenburgen spiegelten sich die Macht und das Ansehen des Herrscherhauses.

WÜRTTEMBERG SETZT SICH FEST. Nach dem Untergang der Staufer 1268 gelang es den Württembergern, ihre Herrschaft auf das ehemals staufische Gebiet auszudehnen. Nachdem Rudolf von Habsburg 1273 zum deutschen König gewählt worden war, verlangte er von Württemberg die Rückgabe aller Reichsgüter, auch des Hohenstaufens, obwohl dieser in staufischem Familienbesitz geblieben war. Ein jahrhundertelanger Rechtsstreit zwischen Österreich und Württemberg um die Burg der Staufer nahm seinen Anfang.

Erst Kaiserin Maria Theresia schloß die "Akte Hohenstaufen". Damals war die große Zeit des Hohenstaufen allerdings längst vorüber. Bereits 1525 hatten aufständische Bauern unter der Führung Jörg Baders die Burg erobert und in Brand gesteckt. Sie wurde nicht wieder aufgebaut. Ihre Quader ließ Herzog Christoph zum Bau des Stadtschlosses nach Göppingen schaffen. Erhalten geblieben sind die Grundmauern des Palas sowie die des Bergfrieds.

STAUFEN, RECHBERG UND STUIFEN verdanken ihre Erhaltung so weit vor dem Albtrauf einem Grabensystem. Nicht anders als der Hohenzollern und die Achalm. Es drängt sich auf, einen Zusammenhang zwischen der Tiefe des geologischen Gra-

Burg auf dem Hohenstaufen erbauen. Mit großzügigen Privilegien holten die Staufer Bauern, Handwerker, Kaufleute und Tagelöhner an den Berg. Für die Rodung des Waldes, für den Bau, die Unterhaltung und die Versorgung der Burg und nicht zuletzt zu deren Verteidigung waren viele Helfer nötig.

Der Kaiserberg mit der Stammburg der Staufer war Mittelpunkt der staufischen Besitzungen um Fils und Rems. Als Amtsburg des Herzogs von Schwaben war sie mit allen vier mittelalterlichen Hofämtern – Kämmerer, Schenk, Marschall und Truchseß – ausgestattet, auch wenn sie nicht ständig herzogliche Residenz war.

Viele der staufischen Ministerialen waren auch in königlichem Dienst. Die berühmtesten unter ihnen waren die Familien von Rechberg, von Staufeneck, von Ebersbach und von Waldhausen. Bis zu zehn

Einen Vorberg des Hohenstaufen bilden die Bergsturzmassen der Spielburg.

bens und der Bedeutung des dort ansässigen Herrschergeschlechts herzustellen: Der Hohenstaufen ist mit 150 Meter besonders tief gesunken.

Die Weißjurakalke kamen im Graben auf gleicher Höhe wie die weichen Tone und Mergel des Braunen Jura an den Grabenrändern zu liegen. Dort blieben sie lange von der Abtragung verschont. Schließlich, als der Braune Jura zu beiden Seiten abgetragen war, wurden die widerstandsfähigeren Kalke des Grabeninneren freigelegt. Nun setzte auch hier die Abtragung ein. Übrig blieben drei Zeugenberge: die Kaiserberge.

AN DER SPIELBURG. Daß es einst auch am Staufen höher hinauf ging als bis zum Weißen Jura Beta, zeigt der Felsenhügel an seinem Fuß: die Spielburg. Dort liegen Mergelkalke des Weißen Jura Gamma und massige Felsenkalke des Unteren Weißen Jura Delta auf oberem Braunem Jura. Die Spielburg ist eine große Bergsturzmasse, eine Gleitscholle, die im Verband von einem Berg niederging, der höher war als der heutige 684 Meter hohe Gipfel und auch geologisch höher hinaufreichte. Vor der Scholle der Spielburg liegen große Massen von Blockschutt. Sie sind ein Beweis dafür, daß die Albtafel einst auch mit ihren höheren Schichten viel weiter nach Nordwesten reichte.

Zum Glück hörte der Steinbruchbetrieb auf, bevor die Blockschuttmassen abgeräumt waren. So liegt nun ein Stück Alb in viele kleine Brocken zerlegt vor der Alb. In diesem Trümmerhaufen versickert das Wasser, kaum, daß es geregnet hat. Wacholderbüsche und Schlehen wachsen auf einer trockenen Schafheide, wie sonst nur auf der Albhochfläche.

Hinter dem Blockschutt der Spielburg erhebt sich der Hohenstaufen.

Alle Kriege überdauerte die Burg Hohenrechberg. Im Winter 1865 brannte sie nach einem Blitzschlag aus.

133

Über den Flächen im Eisensandstein erhebt sich der Rechberg mit Burgberg und Kirchberg. In der Ferne: der burgenlose Stuifen.

Schafe haben die Burgberge kahl gehalten.

AUF DEM RECHBERG. Ein geologischer Pfad führt von Schwäbisch Gmünd hinauf auf den Rechberg. Vom Sattel zwischen dem Burgberg und dem Kirchberg folgt man dem Kreuzweg zur Wallfahrtskirche, geistlich wie geologisch und botanisch aufwärts geführt.

Über eine Steinbruchwand in den Wohlgeschichteten Kalken geht der Blick zur Ruine Hohenrechberg und zum Hohenstaufen. Im Süden die Täler und Höhen des Rehgebirges und hinter dem Filstal die weiten Felderflächen vor der Alb, die Waldhöhen des Braunen Jura und der Albtrauf mit Wasserberg, Fuchseck, Sielenwang und Kornberg, schließlich der steil abfallende Boßler.

Das kleine Plateau des Rechbergs wird von einer nur noch 20 Meter mächtigen Decke der Unteren Felsenkalke des Weißen Jura Delta gebildet. Der höchste Punkt liegt am Kriegerdenkmal auf 706 Meter

Das Wäscherschlößchen. Die staufische Anlage wurde zwischen 1220 und 1250 erbaut und war Sitz eines zur staufischen Burgmannschaft gehörenden Ritters Konrad, der möglicherweise für die Schafwäsche verantwortlich war und daher „der Wascher" hieß.

Hoch über dem Filstal liegt die staufische Burgruine Staufeneck mit ihrem mächtigen Bergfried.

Höhe. Von einer Felsnase aus blickt man nach Norden, Schwäbisch Gmünd zu, über die Hänge des Braunen Jura hinab, über die Liasfläche und das Remstal hinüber zu den Keuperbergen des Welzheimer Walds. Hinter den Höhen des Schurwalds verstecken sich Esslingen und Stuttgart.

Die Burg Hohenrechberg gehörte dem staufischen Ministerialen Ulrich von Rechberg, der eine herausragende Stellung unter den schwäbischen Rittern einnahm. Die 1865 durch Blitzschlag zerstörte Burg ist noch immer ein eindrucksvolles Zeugnis staufischer Baukunst.

Zum Bau der Wallfahrtskirche „Zur schönen Maria von Rechberg" hat man vor allem den bräunlichen Donzdorfer Sandstein verwendet. An der Westwand sind einzelne braune Sandsteine in die silbergraue Stubensandsteinmauer eingefügt. Die alte Kapelle aus dem 15. Jahrhundert wurde zum Pfarr-

haus umgebaut. Heute aber wohnt der Pfarrer unten im Dorf. Jeden Sonntag pilgern er und seine Schäflein auf den Berg, denn St. Maria ist nach wie vor die Pfarrkirche der Gemeinde Rechberg. Die Wallfahrten zur Maria auf dem Berg sind bis heute sehr beliebt.

DIE WÄSCHERBURG, meist Wäscherschlößchen genannt, ist durch ein breites Tal, das bis in den Keuper hinabreicht, vom Sockel des Kaiserbergs getrennt. Daß die Gegend um das Wäscherschloß nicht mehr so recht zur Alb gehört, erkennt man auch daran, daß die Schloßmauern aus Keuper und Liassandsteinen gebaut sind. Staufische Buckelquader bilden die äußere Mauer, die Schildmauer und das Untergeschoß des spätgotischen Palas. Darüber prachtvolles schwäbisches Fachwerk aus dem 15. Jahrhundert. Das leichtere und einfacher gebaute oberste Geschoß wurde 1699 aufgesetzt.

Die Spur der Meteoriten

DER EINSCHLAG. Im ehemaligen Steinbruch am Burgstall bei Sontheim ist die geschichtete Welt des Weißen Jura durcheinandergeraten. Ein Meteorit ist schuld daran. Vor 15 Millionen Jahren raste er mit der unglaublichen Geschwindigkeit von 25 Kilometer pro Sekunde in die damalige Alb hinein. Seit den Untersuchungen der Geologen Winfried Reiff und Paul Groschopf, die unter anderem 27 Bohrungen auswerteten, von denen eine in eine Tiefe von 603 Metern hinabreichte, gibt es keinen Zweifel mehr daran, daß das Steinheimer Becken ein Meteorkrater, ein „Impact", ist.

DIE DEUTUNG DES PHÄNOMENS „Steinheimer Becken" spiegelt auf interessante Weise die Entwicklung der Wissenschaft wider. Um die Jahrhundertwende sahen Geologen wie Wilhelm Branco und Eberhard Fraas im zentralen Hügel und dem Durcheinander seiner Schichten das Wirken einer verborgenen, aufsteigenden Magmamasse, eines „Lakkolithen". Nicht zuletzt seine Erfahrungen als Pionier brachten Walter Kranz dazu, das Steinheimer Becken als Sprengkessel zu deuten, als Ergebnis einer Wasserdampfexplosion. Nachdem der Freiberger Geologieprofessor Otto Stutzer in Arizona den „Meteor Crater" gesehen hatte, stand für ihn fest, daß sowohl das Steinheimer Becken als auch das Ries durch den Einschlag eines Meteoriten ausgesprengt worden waren. Trotz guter Argumente konnte er sich aber gegen die herrschende Lehrmeinung nicht durchsetzen.

Erst als in den 60er Jahren amerikanische Mineralogen im Nördlinger Ries zwei dem Quarz verwandte Formen des Siliziumdioxids, Stichovit und Coesit, fanden, war bewiesen, daß es sich auch beim Ries um einen Einschlagskrater handeln mußte. Diese Mineralien bilden sich nur bei so extrem hohem Druck, wie er beim Einschlag eines größeren Meteoriten auftritt. Damit hatte sich auch das Tor für die Deutung des Steinheimer Beckens als Meteorkrater geöffnet. Heute besteht daran kein Zweifel mehr. Es gilt auch als ziemlich sicher, daß das Stein-

Der Rieskrater hat einen Durchmesser von 22 Kilometern. Die bewaldeten Kraterränder erscheinen dunkel. Die weite, schneebedeckte Fläche entspricht ungefähr der Ausdehnung des ehemaligen Kratersees.

Im Winter, wenn Schnee das Land bedeckt und die Bäume schneefrei sind, wird das Steinheimer Becken als kreisrunde, weiße Fläche erkennbar. In der Mitte des flachen Kraters der zentrale Klosterberg, dahinter Steinheim, davor Sontheim.

Zusammengeschwemmte Schneckengehäuse aus dem Steinheimer Becken.

heimer Becken und das Nördlinger Ries ungleiche Zwillinge sind, die durch unterschiedlich große Himmelskörper wahrscheinlich gleichzeitig gebildet wurden.

EIN STEINMETEORIT von 80 Meter Durchmesser schlägt mit Überschalldonner ein, verdampft und bildet in Sekundenschnelle einen tiefen Einschlagskrater. Der Druck von mehr als 100 000 Atmosphären ist groß genug, um Quarzkörner im Gestein zu spalten und die berühmten Strahlenkalke entstehen zu lassen, „shatter cones" im internationalen Sprachgebrauch. Rings um den tiefen Einschlagskrater entsteht ein flacherer Krater von etwa 3,5 Kilometer Durchmesser. Dabei werden auch große Gesteinsschollen nach allen Seiten weggedrückt. Das Gestein wird zerrüttet, gestaucht,

gefaltet und übereinandergetürmt. Ein Randwall bildet sich.

Gleichzeitig fliegt zertrümmertes Gestein hoch in die Luft. Der größte Teil dieser Trümmermassen fällt in den eben entstandenen Krater zurück und bedeckt den Kraterboden als 20 bis 50 Meter mächtiger Schutt, Rückfallbrekzie genannt. In das tiefe Loch, das der Meteorit geschlagen hat, federn die eben verdrängten Gesteine mit größter Wucht zurück und steigen zum Teil nach oben, so daß ein Kegel entsteht, in dem neben Weißem Jura auch Tone des Braunen Jura und in einiger Tiefe sogar Schollen aus Schwarzem Jura vorkommen.

Das Dorf Steinheim bedeckt den nördlichen Teil des ringförmigen Beckens. Im Süden schmiegt sich der kleinere Ortsteil Sontheim an den kegelförmigen Klosterberg an, der in der Mitte des Beckens aufsteigt. Dort wurden früher im wasserstauenden Braunen Jura zwei Teiche, Hülen oder Hülben, für das Weidevieh angelegt.

DER SEE. Nach dem Einschlag gab es zunächst kein Leben mehr. Das verdampfte Wasser stand, vermischt mit Staub und Asche, als Pilzwolke über dem Land. Schließlich aber begann sich der Krater mit Wasser zu füllen, ein See entstand und damit ein neuer Lebensraum für Algen, Schachtelhalme, Schilf, für Schnecken, Fische, Frösche, Schnappschildkröten, Enten und Gänse, Hühnervögel, Greifvögel, ja sogar Papageien, Biber und marderartige Tiere. Dieser Reichtum an Lebewesen ist nicht nur für den See, sondern auch für das trockene, savannenartige Land ringsum belegt. Die Alb, die den Steinheimer See umgab, lag kaum höher als hundert Meter über dem Meer.

Im Uferbereich des Sees lebten Salamander, Flamingos und Nabelschweine. Fledermäuse flogen durch den lichten Wald. Eidechsen und Schildkröten, Pfeifhasen und Wildschweine, Gabelhirsche und Urpferde waren hier zu Hause. Das große hornlose Nashorn und das elefantenähnliche Mastodon kamen zum See, um zu trinken. Auch die Reste eines bärenähnlichen Raubtiers fand man in den Ablagerungen des Sees. 54 Säugetierarten konnte der Paläontologe Elmar Heizmann bisher nachweisen.

EIN GEOLOGISCHES UNIKUM ist das Steinheimer Becken auch für Paläontologen bis heute, oder wie Karl Dietrich Adam sagt: „Eine Fundstätte von Weltgeltung". Die Steinheimer Schneckenkalke und

die hervorragend erhaltenen Wirbeltierreste, die man in der Sandgrube am nordwestlichen Hang des Steinhirts gefunden hat, geben höchst interessante Aufschlüsse über das Leben vor Millionen von Jahren.

So ist die Entwicklung der Schalenform bei den Schnecken der Gattung Gyraulus, einer unserer Posthornschnecke nahe verwandten Art, ein Musterbeispiel für den Evolutionsablauf im Tierreich. Schon zehn Jahre nachdem Charles Darwin 1859 seine geradezu revolutionäre Vorstellung von der Entwicklung der Arten dargelegt hatte, konnte Franz Hilgendorf am Beispiel der Steinheimer Schnecken die schrittweise Veränderung einer Ausgangsform zu neuen Arten belegen. Hierbei wird der Einfluß von Umweltfaktoren auf die Schalenform neuerdings höher bewertet als früher.

DIE RIESKATASTROPHE war etliche Nummern größer als die von Steinheim. Dort schlug ein Riesenmeteorit, ein Brocken von 800 bis 1000 Meter Durchmesser, ein. Bei einem Druck von mehreren 100 000 Atmosphären entwickelte sich eine Temperatur von einigen 10 000 Grad. Das Gestein rings um den Krater verdampfte. Der Meteorit schlug 700 Meter tief bis zum Grundgebirge durch und schmolz es auf. Als Glutfluß wurde es hochgeschleudert. „Suevit", Schwabenstein, wird der erstarrte Glutfluß genannt. Glasartige Fladen aus geschmolzenem Material, die durch die Luft geflogen sind, bevor sie erstarrten, und angeschmolzene Brocken des zertrümmerten Granits zeichnen das durchaus an vulkanische Lava erinnernde Gestein aus. Die Georgskirche in Nördlingen und andere Gebäude im Ries sind aus Suevit gebaut.

Strahlenkalk entsteht unter extrem hohem, schockartigem Druck.

Im Kratersee lebten Wasserschildkröten. Ihre Skelette haben sich im feinen Kalkschlick erhalten.

Schloß Baldern
liegt auf einer flachen
Wurfscholle.

Im Gegensatz zu Baldern
ist der Ipf ein Weißjura-
Zeugenberg am
Riesrand. Zahlreiche
Wälle und Gräben
zeugen von seiner
frühen Besiedlung.

Aus dem 700 Meter tiefen Krater wurden mächtige Gesteinsschollen, ganze Berge, ausgeworfen, manche dabei regelrecht aufs Kreuz gelegt, gefaltet, zerbrochen, geschockt, vergrießt. 155 Kubikkilometer Gestein wurden verlagert. 95 Kubikkilometer Material flogen aus dem Krater hinaus. Rings um das Ries bildete sich im Umkreis von 40 Kilometern eine geschlossene Trümmerdecke, unter der auch die alten Flußtäler verschwanden. Viele Hügel am Riesrand stammen aus dem Krater: Schloß Baldern steht auf einer Wurfscholle, das Kloster Neresheim und die Ruine Flochberg, gegenüber vom Ipf.

DIE ENERGIE, die der Einschlag des Riesmeteoriten freisetzte, wird etwa auf 10^{20} Joule errechnet. Dies entspricht der Sprengkraft von 500 Wasserstoffbomben. Zum Glück sind derartige Katastrophen selten. Durchschnittlich ist etwa einmal während einer Million Jahre ein Ereignis dieses Ausmaßes zu erwarten. Wahrscheinlich haben aber Menschen auch Einschläge großer Meteoriten miterlebt. Darauf läßt unter anderem der griechische Mythos von Phaethon, dem Sohn des Sonnengottes Helios, schließen: Phaethon stürzte mit dem Sonnenwagen ins Meer. Die Deukalonische Sintflut war wohl die Folge davon.

Ob das Leben auf der Erde nach den Meteoriteneinschlägen großen Schaden genommen hat, läßt sich schwer sagen. Nach dem Rieseinschlag hat es sich offenbar rascher erholt, als man früher annahm. Obwohl die Druckwelle den Wald im weiten Umkreis flachlegte, und die Hitzewelle die Stämme äußerlich verkohlen ließ, eroberte der Wald das ganze Gebiet mit den alten Arten wieder. Auch die Tiere kehrten zurück, ohne daß eine aus der Zeit vorher bekannte Art ausgestorben wäre.

Gegen Ende des Tertiärs waren die Seen im Steinheimer Becken und im Ries verlandet und mit den Ablagerungen von Bächen und Flüssen überdeckt. Erst durch die intensive Verwitterung und Abtragung im Eiszeitalter wurden die alten Hohlformen so weit freigelegt, daß wir die alten Krater erkennen können.

WANDERER, KOMMST DU ZUM IPF, so freue dich: Er ist im großen Durcheinander des Riesrandes ein echtes Stück Alb, bis oben hin fein säuberlich geschichtet, 668 Meter hoch, mit einer Kappe aus Weißem Jura Delta und wie es sich für einen Ausliegerberg, einen Vorposten, gehört, ein Berg in geologischer Tieflage. Der Ipf ist ein Denkmal der Standfestigkeit in einer verworfenen Umwelt. Ganz ungestreift dürfte aber auch der Ipf die Rieskatastrophe nicht überstanden haben, aber einen großen Schock hat er nicht erlitten. Hoch und kahl wie seit Jahrtausenden steht der Berg über dem Land. Bereits in der jüngeren Steinzeit lebten Menschen dort oben. Die Kelten der Hallstattzeit legten ihre Trockenmauern um das Gipfelplateau. Als Wälle sind sie noch zu erkennen. „Opie", der alte keltische Bergname, hat sich in „Ipf" erhalten.

Während in christlicher Zeit die Ipfwallfahrt noch an ein heidnisches Frühlingsfest erinnert haben mag, findet die heutige Ipfmesse aus Anlaß der Besteigung des Berges durch seine königliche Majestät Friedrich I. von Württemberg im Jahre 1811 statt.

99 Dörfer sieht man vom Ipf aus. Aus der Ferne, vom Ries her, grüßt das türmereiche Nördlingen. Die kleine Reichsstadt Bopfingen, einst eine Welt für sich, ist mächtig gewachsen. Leider auch um ein paar klotzige Hallen, die sich am Fuß des Berges breit machen. Schade, daß ein Naturschutzkonzept, am Ipf mit großer Energie verwirklicht, so wenig über seine Grenzen hinauswirkt. Es war schon immer einfacher, ein paar Drachenflieger zu verscheuchen, als einen, der den städtischen Steuersäckel füllt.

Das Gestein am Riesrand zeigt Spuren stärkster Zerrüttung und Zerstörung.

Ein Schichtpaket vom Weißen Jura Beta wurde überkippt. Was oben war, liegt nun zuunterst. Im „Flachschuß" wurde es nach außen befördert.

Als Suevit wird der Schmelzfluß bezeichnet, der beim Einschlag aus der Tiefe des Kraters herausschoß und dann erstarrte. Die graue Masse enthält vor allem Granit aus dem Grundgebirge und glasartige Fladen aus aufgeschmolzenem Gestein. Oft sind die Granitstücke von einer schwärzlichen, blasigen Schmelzkruste umhüllt.

Dank

Dank wollen wir allen sagen, die uns auf dem Weg bis zum Buch begleitet und unterstützt haben. Für die freundliche, sachkundige Beratung und Kritik, die uns von vielen Seiten zuteil wurde, nicht zuletzt von Jochen Hasenmayer, dem Höhlentaucher, Eberhard Künkele, dem Naturschutzbeauftragten im Raum Bad Urach, Dr. Hans Mattern von der Bezirksstelle für Naturschutz und Landschaftspflege, und meinen Kollegen und Freunden den Professoren Dr. Günther Reichelt und Dr. Winfried Reiff, wobei ich mich ganz besonders bei Winfried Reiff für die fruchtbare Diskussion bedanken möchte.

Meine Frau hat mich auf vielen Wanderungen mit ihrer Kamera begleitet. Viele Bilder stammen von ihr. Ich danke ihr herzlich für ihre Sicht der Dinge.

Der Hessische Rundfunk hat das Projekt nachdrücklich unterstützt. Dafür gebührt ihm unser Dank. In meiner Sendereihe „Wunder der Erde" wird eine Sendung mit dem gleichen Titel ausgestrahlt werden. Film und Buch sollen sich ergänzen und der Alb über die Grenzen Schwabens hinaus neue Freunde gewinnen.

Dem Konrad Theiss Verlag sei gedankt für die gute und sehr förderliche Zusammenarbeit.

Frau Karin Thom und Frau Bärbel G. Renner danken wir für ihr großes Engagement und die kritische Pflege unseres Manuskripts.

Ernst Waldemar Bauer
und *Petra Enz-Meyer*

Weiterführende Literatur

ADAM, Karl Dietrich: Das Steinheimer Becken, Steinheim 1980

BÄR, Walter: Der Neuffen, Neuffen 1992

BAUER, Ernst Waldemar, Helmut Schönnamsgruber (Hrsg.): Das große Buch der Schwäbischen Alb, Stuttgart 1988

BAUER, Hermann: Die Heunenburg, Bad Buchau 1987

BIZER, Christoph, Rolf Götz: Vergessene Burgen der Schwäbischen Alb, 1989

BOTHE, Rolf: Burg Hohenzollern. Von der mittelalterlichen Burg zum nationaldynastischen Denkmal im 19. Jahrhundert, Berlin 1979

GEYER, Otto F., Manfred P. Gwinner: Die Schwäbische Alb und ihr Vorland, Stuttgart 1984

GEYER, Otto F., Manfred P. Gwinner: Geologie von Baden-Württemberg, Stuttgart 1986

GRADMANN, Robert: Das Pflanzenleben der Schwäbischen Alb, Stuttgart 1950

HAHN, Joachim, Hansjürgen Müller-Beck, Wolfgang Taute: Eiszeithöhlen im Lonetal, Stuttgart 1985

KIMMIG, Wolfgang: Die Heuneburg an der Oberen Donau, Stuttgart 1983

MAURER, Hans-Martin: Burgruinen im Landkreis Nürtingen, 1967 – Die Bergfestung Hohenurach, in: Beiträge zur Landeskunde, Beilage zum Staatsanzeiger für Baden-Württemberg, Nr. 5, Oktober 1972

MAURER, Hans-Martin: Der Hohenstaufen, Geschichte der Stammburg eines Kaiserhauses, Stuttgart/Aalen 1977

MÖRIKE, Eduard: Das Stuttgarter Hutzelmännlein, mit 37 farbigen Zeichnungen von Max Stirner, Stuttgart 1979

PFEFFERKORN, Wilfried: Burgen der Münsinger Alb, in: Münsingen – Geschichte, Landschaft, Kultur

PFEFFERKORN, Wilfried: Eine Buckelquaderstudie, in: „Burgen und Schlösser", 77/1, Burgen unseres Landes – Schwäbische Alb, 1972

REICHELT, Günther: Die Baar, Villingen 1972

REIFF, Winfried, Paul Groschopf: Der geologische Wanderweg im Steinheimer Becken, Steinheim 1982

RÖHM, Walter: Urach, Stadtführer durch Kunst und Geschichte, Urach 1974/1978

SCHMITT, Günter: Burgenführer Schwäbische Alb, Biberach, Bd. 1/1988, Bd. 2/1989, Bd. 3/1990, Bd. 4/1991

SCHWAB, Gustav: Die Neckarseite der Schwäbischen Alb, Tübingen 1960

UHL, Stefan: Buckelquader an Burgen der Schwäbischen Alb, Studienarbeit, 1989, 1990

UHRLE, Alfons: Beiträge zur Geschichte der Herren von Gundelfingen, in: Münsingen – Geschichte, Landschaft, Kultur, Münsingen 1982

VETTER, A.: Die Geschichte der Stadt Fürstenberg, Freiburg 1959

VILLINGER, Eckhard: Zur Fluß- und Landschaftsgeschichte im Gebiet von Aare–Donau und Alpenrhein, Jh. Ges. Naturk. 144, Stuttgart 1989

WAGNER, Eberhard: Eiszeitjäger im Blaubeurener Tal, Stuttgart 1979

WAGNER, Georg, Adolf Koch: Raumbilder zur Erd- und Landschaftsgeschichte Südwestdeutschlands, 1961

WAIS, Ruth: Albführer von Julius Wais, Stuttgart, Band 1/1962, Band 2/1971

WETZEL, Manfred: Vom Mummelsee zur Weibertreu – Die schönsten Sagen aus Baden-Württemberg, Stuttgart 1988

WETZEL, Manfred: Vom Land um die Teck, 1984

ZIEGLER, Bernhard: Der schwäbische Lindwurm, Stuttgart 1986

Bildquellenverzeichnis

S. 13: Mörike: Schiller-Nationalmuseum, Deutsches Literaturarchiv, Marbach; *S. 14:* Teck: Württemberg. Landesbibliothek Stuttgart; *S. 15:* Victoria Mary: Württemberg. Landesbibliothek Stuttgart; *S. 20:* Gottfried von Neifen: Universitätsbibliothek Heidelberg; *S. 20:* Hohenneuffen: aus: P. Lahnstein, Württemberg anno dazumal, Abb. 173; *S. 26:* Grafenberg: Landesbildstelle Württemberg, Stuttgart; *S. 28:* Hollenberg: Städt. Galerie Albstadt, Nachlaß Hollenberg; *S. 36:* Urach: Württemberg. Landesbibliothek Stuttgart; *S. 37:* Blumen (außer Felsennelken): O. Engelhardt, Neresheim; *S. 45/S. 46:* Stirner: mit freundlicher Genehmigung des J. F. Steinkopf Verlages, Stuttgart; *S. 48:* Wasseramsel: H. Fürst, Abtsgmünd; *S. 52:* Stockacher Narrengericht: R. Wehrle, Furtwangen; *S. 55:* Fürstenberg, Landesbildstelle Baden, Karlsruhe; *S. 63:* Bronnen: Württemberg. Landesbibliothek Stuttgart; *S. 67:* Schäfer: Fremdenverkehrsamt Neresheim; *S. 69:* Wildenstein: Landesbildstelle Württemberg, Stuttgart; *S. 77:* Elfenbein-Halbrelief: J. Feist, Pliezhausen; *S. 80:* Heuneburg: Luftbild Brugger GmbH, Stuttgart (freigegeb. unter 2/60208 C); *S. 81/S. 82 unten:* Gußformfragment/Transportamphore, *S. 82 oben:* Rekonstruktionsversuch nach Gersbach/Zeichnung Susanne Höfler), mit freundlicher Genehmigung des Instituts für Vor- und Frühgeschichte, Tübingen; *S. 87:* Hollenberg: Städt. Galerie Albstadt, Nachlaß Hollenberg; *S. 92:* Stich: Foto Anders, Berlin, aus: R. Bothe, Burg Hohenzollern, Berlin 1979, Abb. 204; *S. 103:* Herzog Ulrich: Württemberg. Landesbibliothek Stuttgart; *S. 110:* Hengstparade: R. Brändle, Münsingen; *S. 122:* Wanderfalke: D. Stahl, Bopfingen; *S. 129:* Versteinerung: Staatl. Museum für Naturkunde, Stuttgart; *S. 130:* Kaiserberge: D. Dehnert, Göppingen-Jebenhausen; *S. 132:* Friedrich Barbarossa: Fremdenverkehrsgemeinschaft Stauferland, Schwäbisch Gmünd; *S. 133:* Rechberg: Städt. Museum, Ludwigsburg; *S. 135:* Wäscherschloß: P. Kaißer, Wäschenbeuren; *S. 138 (unten)/ S. 139 (rechts):* Schneckenkalk/Schildkröte: Meteorkratermuseum Steinheim am Albuch

Alle übrigen Abbildungen: Isolde und Ernst Waldemar Bauer

Zur Abbildung im vorderen Buchdeckel:
Ein dichter Rasen von Unterwasserpflanzen deckt
den Grund des Blautopfs rund um den Quell-
schacht. Flutender Hahnenfuß, Laichkräuter und
vor allem der Wasserstern wachsen auf der Spiel-
wiese der schönen Lau.

Zur Abbildung im hinteren Buchdeckel:
Die Decke der Nebelhöhle zeigt ein merkwürdiges
Muster von Ringen. Jahresringe von Bäumen
sehen so ähnlich aus. Hier aber haben Tropfsteine
ihre rhythmischen Wachstumsmarken hinterlassen, bevor sie abbrachen. Ein Erdbeben könnte sie
zum Absturz gebracht haben. Der grünliche
Schimmer stammt von Algen, die sich seit der
elektrischen Beleuchtung der Höhle eingestellt
haben.

Die Deutsche Bibliothek – CIP-Einheitsaufnahme

Hinter der blauen Mauer : Bilder von der Schwäbischen Alb /
Ernst Waldemar Bauer ; Petra Enz-Meyer. – Stuttgart : Theiss, 1993
   ISBN 3-8062-0822-0
NE: Bauer, Ernst W.; Enz-Meyer, Petra

Lektorat: Bärbel G. Renner
Layout/Herstellung: Ellen Böckmann, Kornwestheim
Umschlaggestaltung: Neil McBeath, Kornwestheim
unter Verwendung einer Aufnahme von Ernst W. Bauer

© Konrad Theiss Verlag GmbH & Co., Stuttgart 1993
Alle Rechte vorbehalten
Satz: Steffen Hahn, Kornwestheim
Lithographie und Druck: Grafische Betriebe Süddeutscher Zeitungsdienst, Aalen
Printed in Germany
ISBN 3-8062-0822-0